KB130327

한 권으로 종결하는
약국 브랜딩

초판 1쇄 발행 2021년 5월 5일

지 은 이 심현진
발 행 인 권선복
편   집 유수정
디 자 인 김소영
전 자 책 오지영
마 케 팅 권보송
발 행 처 도서출판 행복에너지
출판등록 제315-2011-000035호
주   소 (157-010) 서울특별시 강서구 화곡로 232
전   화 0505-613-6133
팩   스 0303-0799-1560
홈페이지 www.happybook.or.kr
이 메 일 ksbdata@daum.net

값 17,000원

ISBN 979-11-5602-884-0   (13320)

도서출판 행복에너지는 독자 여러분의 아이디어와 원고 투고를 기다립니다. 책으로 만들기를 원하는 콘텐츠가 있으신 분은 이메일이나 홈페이지를 통해 간단한 기획서와 기획의도, 연락처 등을 보내주십시오. 행복에너지의 문은 언제나 활짝 열려 있습니다.

진심약사 현진의 신개념 경영 처방전

한 권으로 종결하는
약국 브랜딩

한 권으로 종결하는

심현진 지음

진심약사 현진의
신개념 경영 처방전

약국 브랜딩

도서
출판 행복에너지

브랜딩 인생,
대(大)역전극이 펼쳐지다

42.195km, 인생은 길고 긴 마라톤과도 같다고 한다. 다른 사람보다 조금 더 빨리 달리려 신발끈을 꽉 조이고 수분을 충전했다. 과연 늦었다고 생각할 때가 가장 빠른 걸까.

2011년 아침 7시, 나는 기상했다. 아무리 일찍 일어나도 늦은 건 사실이었다. 별거 아닐 거란 생각으로 선택한 '삼수'라는 글자가 내 인생에 주홍글씨로 새겨지는 듯했다. 노트에 수없이 "멈추지 말고 흐르자."라고 적곤 했다. 인생은 마라톤이라고 하는데 과연 어디가 결승점이란 말인가. 누구도 마라톤 코스를 알려준 적이 없는데 모두들 인생에 등급을 매기고자 했으며 좋은 등급을 확보하기 위해 부단히도 노력했다. 6월 모의고사, 9월 모의고사, 수능 세 차례에 걸쳐 모두가 줄지어졌다. 그리고 이 과정을 모두가 묵묵히 수용했다. 개성은 잠시 접어둔 채 그저 높은 점수를 받고자 달려왔다. 높은 점수가 있다면 이후에는 인생에 대한 선택권이 주어질 것이라 막연히 희망했다. 급할수록 돌아가라는 말이 참 야속했던 나였다.

충북 청주시에 신설로 설립된 우리 학교는 인프라가 좋지 못했다. 현실에 타협하고 싶지 않았기에 조금 늦더라도 제대로 공부를 해보고 싶었다. 단단한 바위도 꾸준히 떨어지는 빗방울에 뚫린다고 하지 않던가. 명확한 꿈이 있고 아직 달성하지 못했다면 꾸준히만 하면 될 일이다. 인프라가 좋지 못하면 될 때까지 하면 되는 것이 아닌가.

나를 차근차근 다독이며 실력을 갈고닦아 어느새 수능날에 다다랐다. 2011년 11월 어느 추운 날이었다. 꿈의 대학 고려대학교의 합격증을 받고 난 첫 등교 날 나는 충격을 받았다. 수십, 수백 명의 학생들이 일제히 같은 색의 과 점퍼를 입고 등교하는 것이었다. 그렇다. 결국 나는 아직도 길고 긴 마라톤의 중간 대열에 있던 것이다. 다시 새로운 경쟁의 장이 열린 것이다. 이들 중에 나는 과연 경쟁력이 있는 걸까? 그 대답에 나는 답을 할 수 없었다. 그렇다, 이미 늦어버린 걸지도 모른다.

나는 다시 한번 이를 악물고 공부했다. 당시엔 가장 올바른 방법이 '공부'라고 생각을 했으니까. 다시 한번 나 자신에게 새로운 도전장을 던져야 했다. 꿈에 그리던 이화여자대학교 약학대학에 합격했다. 이후에 좌절했다. 세상엔 괴물이 너무 많았다. 아무리 밤을 새도, 각종 암기방법을 동원해도 눈에 보이는 학점은 내 인생을 가차 없이 채점해 나갔고 이제는 한계가 보였다. 학점에 대한 변명을 할 요량으로 시작한 각종 아르바이트와 5개의 동아리 활동에 시험까지 소화해야만 했다. 학교에서는 꾸벅꾸벅 졸기 일쑤였다. 속 시원한 해결책이 절실했다.

수많은 시행착오 끝에 꿈에 그리던 약사가 되었다. 하지만 마음 한편에는 이런 생각이 들었다. 그 다음에는? 답을 찾기 위해 대학원에 진학했다. 경력단절이 될까 싶어 불안했기에 주말약국 아르바이트도 해보고, 야간약국 밤샘 아르바이트도 해보았다. 어찌저찌 졸업은 했지만 경력단절이라는 현실이 두려웠다. 약사라는 직업 뒤에 숨고 싶지 않았다. 나는 나만의 경쟁력을 갖추는 방법이 없을까 고민했다.

분명 열심히 사는데 방향성을 잃은 느낌이었다. 돌파구가 절실했다. 주변을 돌아보니 나만 느낀 기분은 아니었다. 졸업 후 약국에 나간 친구들은 학창시절 때와 다르게 다시 학습해야 할 정보들이 수두룩하고 삶에 치인다는 말을 많이 했다. "그래도 잘 해나가고 있잖아."라는 말에 친구들은 말을 아끼는 모습이었다. 약대 후배들에게서 약사 직능의 미래에 대한 걱정이 들려왔다. 그렇게 코로나가 찾아왔다. 코로나가 계속되니 약국은 공적마스크 소동으로 과중업무에 시달렸고, 약대생은 실습이 전면 재택으로 전환되어 우울감을 호소했다. 평소 같으면 실습과 인턴으로 정신이 없어야 할 시기에 그러지 못하니 우울감이 찾아온 것이다. 동료들에게 해답을 제시하고 따뜻하게 위로하고 싶었다.

나의 존재와 약사의 직능에 관하여 끊임없이 고민하고 탐구했다. '약에 대한 전문가는 약사'라는 말이 약사의 직능을 오히려 약에서 벗어나지 못하게 막고 있다고 생각이 들었다.

전문가라는 단어는 때로는 독으로 작용하곤 한다. 우리는 약에 대한 전문가가 되기 위하여 약이라는 분야로 삶을 제한한 것은 아닐까. 남들과 차별화된 경쟁력을 갖춘 약사가 되기 위해 부단히도 노력해 왔다. 약에 대한 전문가라는 말은 때로는 제한적이며 때로는 모호한 목표로까지 느껴지기도 한다.

남들에 비해 앞서기 위해서는 한 분야의 최상위권에 드는 방법 혹은 두 가지 이상 분야의 융합형 인재가 되는 방법이 있다. 이 방법을 깨닫고 나니 일렬로 지어진 트랙이 아닌 새로운 트랙이 눈에 들어왔다. 누가 인생에 코스를 규정했단 말인가. 그리고 이내 깨닫게 되었다. 이것이 바로 '브랜딩'이라는 것을.

개인브랜딩에 관한 책을 닥치는 대로 읽고 책에서 얻은 아이디어를 약국경영에 적용하니 서서히 답이 보이기 시작했다. 1인 기업, 마케팅, 세일즈, 글쓰기 등 다양한 분야를 융합하니 새로운 해결책이 보이기 시작했다. 좁은 터널 속에서 환한 빛이 저 멀리 들어오는 순간이었다.

블로그를 시작했다. 그곳에 나의 생각들을 적어 내려갔다. 약사가 운영하는 대부분의 블로그는 포털에 돌아다니는 잘못된 약 정보를 바로잡기 위한 목적으로 운영되고 있었다. 하지만 나와 같이 생각을 정리하는 약사 블로거는 드물었다. 블로그로 인연을 맺은 이웃 분들은 "약사님은 다른 약사님들과 다르네요."라며 친근함을 드러냈다. 나는 문자 그대로 약사답지 않은 약사였다.

도대체 그들이 말하는 '약사다움'은 무엇일까. 사람들의 인식 속 약사는 어떤 존재로 자리 잡은 걸까. 대중이 이야기하는 이미지는 너무 분명했다. 그러면서 자동화의 물결이 다가왔다. 대체되는 직업과 대체되지 않는 직업의 이미지를 쉽게 찾아볼 수 있었고 그 상위 순위에 약사가 있었다. 이러한 흐름 속에서는 약사라는 직업 자체의 위기가 찾아올지도 모르는 일이었다.

소위 나와 같은 약사답지 않은 약사가 많아져서 '약사다움'에 대한 새로운 정의가 내려지는 세상이 도래하길 희망하는 마음으로 약사 블로그 브랜딩에 관한 전자책『블로그로 오토약국 만들기』를 완성했다. 그리고 이 책은 출간 후 단기간에 100부 넘게 판매되는 등 많은 사랑을 받게 되었다. 분명 약사들도 이 상황을 인지하고 있었다. 하지만 해결책을 제시해 줄 사람이 없었다. 그러한 상황 속에서 나는 다짐했다. 내가 꼭 방향성을 제시해 주리라고.

약사는 변화의 흐름이 늦게 찾아오는 직업이었다. 블로그를 통해 인연을 맺은 많은 1인 기업가들을 관찰했다. 그들이 어떻게 무자본으로 월 1000만 원까지 벌고 있는지, 그들이 어떻게 허허벌판 속에서 해당 분야의 전문가로서 자리매김하는지 끊임없이 관찰하고 탐색했다. 관찰한 사람들 중 대다수가 자신의 브랜드를 확립한 사람들이었다. 그들은 자신이 몸담고 있는 직종이 레드오션임에도 불구하고 그 안에서 자신만의 브랜드를 통해 블루오션을 창출해 냈다. 그리고 꾸준하게 자신의 브랜드를 널리널리 알리고 있었다.

자동화 속에서 정답은 차별화였고 이러한 차별화를 가장 확실하게 공략할 수 있는 방법이 바로 '브랜딩'이었다. 브랜딩, 그 안에 답이 있는데 이를 어떻게 약사의 현실에 적절히 도입하느냐가 관건이었다. 매일 글을 읽고 글을 썼다. 새벽 2시가 되니 오히려 영감이 더 떠오르는 상황이 만들어졌다. 멈출 수 없었다. 아는 것을 공유하고 설득하여 많은 약사님들을 움직여야 했다.

그렇게 나는 '약국브랜딩연구소'의 연구소장이 되었다. 우리 연구소에서는 약사 개별 브랜딩을 통해 약사 직능의 확대를 꾀한다. 칼럼을 통해서 브랜딩에 관한 이야기를 나누고 약국에서 접할 수 있는 당황스러운 상황들에 대한 대처방안을 공유한다. 브랜딩에 성공한 여러 연사님을 초청해 '월간리딩팜'을 열어 인사이트를 공유하고, 독서모임 '리드 앤 액션'을 통해 독서를 통해 얻은 것을 직접 삶에 적용하고 나만의 글을 쓰기도 한다.

최근에는 자신의 브랜드를 확립하고 싶은 회원들을 대상으로 '오토약국 블로그 스터디(오블스)'를 운영하고 있다. 우리 연구소는 '약사 브랜딩'에 관해 연구를 시작한 최초의 연구소다. AI와 자동화에 대한 방안으로 꾸준히 들려오는 '인간만이 할 수 있는 것'의 실체화가 꼭 필요하단 확신이 들었다. 그리고 단순히 아이디어뿐 아니라 행동을 이끌어내는 누군가가 꼭 필요했다.

수많은 약사들의 전문성을 확보하기 위한 일련의 노력들에 브랜딩이 가미된다면 완벽하고 강력한 브랜드가 완성된다. 혼란 속에서 살아남는 법은 바로 기존의 판을 뒤엎는 것이었다. 약사라는 한계를 정하지 않고 기존의 약사에서부터 새로 출발하는 것. 그 확장성은 무궁무진하다. 약사 이전에 무한한 잠재력을 가진 개인이 존재한다. 이것이야말로 내가 그토록 찾아 헤매던 '약사직능의 확대'였다.

이 방법만 잘 적용한다면 많은 이들이 함께 생존할 수 있을 것이다. 수험생활로 삶이 늦어진 것이 아닌가 고민하는 수험생, 취업이 되지 않아 고민하는 취준생, 대외활동을 다양하게 하지 못한 대학생, 학점이 좋지 못해 고민하는 취준생까지 모두 함께 생존할 수 있게 된다. 어떤 삶이든 상관없다. 그 경험 속에서 자신이 얻은 바를 정리하면 최고의 스펙이 되는 세상이다. 나는 결심했다. 내가 느낀 바를 아낌없이 공유해서 사람들에게 길을 제시하겠노라고. 나만 살지 않고 우리 모두 살아남을 방법을 알리고 싶었다.

이 책은 네 개의 장으로 구성된다.

1장에서는 약사가 약국에서 마주칠 수 있는 상황에 대한 시뮬레이션을 한다. 직접 현장에서 적용할 수 있는 현실적인 상담시나리오를 제시한다. 본 시나리오는 네이버 카페 '약국브랜딩연구소(약브연)'에서 많은 약사들의 공감을 얻은 바 있다. A회원은 '실전에 칼럼에 제시된 방법을 적용했더니 같은 내용인데도 확실히 손님들의 신뢰도와 눈빛이 달라졌어요.'라는 후기를 남기기도 했다.

본 장은 수많은 강연과 책을 통해 얻고 해석한 나만의 노하우를 토대로 작성했다. 마케팅에 대해 막연하게 부정적인 시각을 가지고 있는 약사라면 꼭 읽어보길 추천한다. 또한 약국에서 근무를 하는 약사라면 한 번쯤 겪을 곤란하고 불편한 상황들에 대한 대안을 상세하게 제시한다. 학창 시절 소방훈련을 받은 내가 훗날 화재가 발생한다면 어디로 대피하고, 소화기의 위치와 사용법은 무엇인지 숙지하듯 해결책에 대한 생각을 하고 안 하고의 차이는 어마어마하다.

2장에서는 기존의 판을 뒤엎는 '브랜딩'에 대해 다룬다. 대부분의 교통사고는 차가 올 때 피하지 못하고 그대로 서 있다가 발생한다. 이처럼 기존의 방법을 고수한다면 위기가 닥쳤을 때 무턱대고 당하는 수밖에 없다. 내가 제시하는 방법은 인생에 뒤처졌던 나에게 새로운 판을 가져다준 마법과 같은 일련의 과정들이다.

이미 성공한 대기업의 성장과정은 찾아보기도 힘들고 초반에 어떤 경로를 통해 지금의 위치에 왔는지 알기 어렵다. 본 장에서는 나의 근 6개월간의 기록을 통해 어떤 방법으로 새로운 개념을 도입하게 되었는지를 상세히 서술한다. 이 과정은 약사에 국한된 이야기가 아니다. 모든 직업에 도입할 수 있는 방법이다. 따라서 이 과정을 함께 고민하는 사람이라면 자신의 위치에서 자신의 브랜드를 통해 한 단계 도약할 확률이 기하급수적으로 올라간다.

3장에서는 '호스트워커'에 대해 다룬다. 어떤 사람은 아무리 쉬어도 월요일만 되면 좀비와 같이 출근을 반복한다. 그런가 하면 어떤 사람은 과중된 업무에도 밝음을 잃지 않고 자신의 삶을 즐긴다. 이 두 차이는 자신의 삶의 주인인지 아닌지의 차이이다. 나는 이러한 사람을 '호스트워커'로 규정한다.

이 장에서는 어떻게 하면 호스트워커약사로서 삶을 영위해 나갈 수 있는지 그 비밀무기를 제시한다. 무기는 크게 글쓰기, 말하기, 디자인, 마케팅으로 나눌 수 있다. 이 네 가지 무기를 잘 갖춘 개인은 대체되지 않고 자신의 삶을 능동적으로 이끌 수 있게 된다.

부록에서는 이 땅의 불안한 청춘들과 불안의 이유를 차근히 되짚어 본다. 대한민국의 20대는 불안하다. 게을러서가 아니다. 10대는 대학이라는 목표를 향해 정신없이 지나간다. 그 경쟁과 속도전이 20대가 된다고 해서 끝나는 것이 아니다. 20대가 된 이후에는 취업과 생계에 대한 고민으로 또 다른 경쟁의 세계에 뛰어든다. 모든 질병 치료가 그렇듯 현재 상황에 대한 정확한 진단이 필수적이다. 현재를 제대로 파악하지 못한다면 효과적인 해결책을 생각해낼 수 없기 때문이다. 따라서 이 장을 통해 불안한 이유를 진단하고 방향을 잡을 것이다.

나는 이 책을 현재의 내가 미래의 나에게 줄 수 있는 조언을 듬뿍 담아 집필했다. 내가 살아온 과정을 통해 지금의 나의 성장과정을 구체적으로 적었다. 그 과정이 세상에서 가장 빠른 지름길은 아닐지도 모른다. 현재의 나 또한 지금도 꾸준히 성장해 나가는 중이다. 하지만 나의 이야기를 통해 누군가는 새로운 방법을 개척해 나갈 것이고 내가 느낀 지름길을 한 번에 찾아낼 수도 있을 것이다. 또한 미래의 나 역시도 해당 상황이 발생한다면 응당 그렇게 행동할 나만의 매뉴얼을 마련했다. 해당 방법들을 찾아내면서 나는 온몸에 전율을 느꼈다. 나의 매뉴얼이 많은 사람에게 유익하게 사용되길 바란다.

AI로도 대체되지 않는 것은 바로 '사람다움'이다. 사람다움이라는 말이 쉽사리 와닿지 않는다. 우리는 이미 사람이 아닌가. 때문에 사람다움을 학습할 만한 곳이 마땅치 않다. 하지만 앞으로 살아남는 방법은 사람다움뿐이라니, 그저 앞날이 막막할 뿐이다. 과거 영국의 산업혁명 속에서 일자리를 잃은 노동자들은 현실에 분노하며 기계를 파괴했다. 이를 '러다이트 운동'이라 한다. 하지만 결국 기계는 들어왔으며 직업은 변화했다. 현재의 4차 산업혁명도 우리의 삶에 큰 변화를 가져올 것이다. 하지만 그럼에도 불구하고 우리는 생존할 것이다.

그 과정에서 이 책이 이 땅의 불안한 많은 이들과 또 사랑하는 약사들에게 새로운 돌파구를 제시하는 지침서 역할을 해내길 바란다. 겁먹지 말자. 혼자가 아니다. 우리 모두 앞으로 나아가자.

CONTENTS

PART 3

호스트워커약사의 4가지 비밀무기

PHARMACY BRANDING

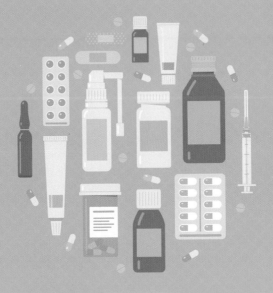

BRANDING

PART 1

고객의 마음을 처방하라

고객은 바보가 아니다. 단순히 당신이 고객에게 판매를 하고자 한다면 고객은 거부감을 느낄 것이다. 고객의 편에서 고객이 진정으로 원하는 것을 파악하고 얻을 수 있는 것을 설명해야 한다. 요지는 고객에게 판매를 하는 것이 아니라 고객이 구매하도록 돕는 것이다.

y

CHAPTER 1

고객과 상담하라,
소통하라

고객에 대한 이해

한 커플이 데이트 약속을 정한다. "점심에 뭐 먹을까?" 이 질문에 대부분의 사람들은 "나는 크게 상관없어 너는?"이라고 말한다. 하지만 여기서 "김밥이나 먹으러 갈까?"라고 하면 내키지 않아 하는 사람이 많다. 주의해야 할 것은 상황이 어떻든 정말 상관없는 사람도 있지만, 이 중의 일부는 상관이 있음을 인지해야 한다는 것이다. 그들은 이미 선택과 결정을 머릿속에서 내렸지만 선택에 따른 책임을 회피한다. 확실한 선호도가 있음에도 상대와 의견이 일치하지 않을 경우의 마찰을 피하고자 선택을

y

넘기는 것이다. 요즘은 이런 사람을 두고 흔히 '답정녀(답은 정해져 있고 너는 대답만 하면 돼)'라고 한다. 고객이 항상 상대가 결정을 내려주길 희망한다고 생각한다면 오해다. 가끔은 상대의 입에서 자신이 생각하는 답을 듣고 싶고 확인받고 싶을 뿐이다.

이에 따라 우리는 고객의 특성을 파악할 필요가 있다. 고객은 주도적으로 결정을 내리는 것을 좋아하기도 하고, 어떤 경우에는 싫어하기도 한다. 그렇기 때문에 고객의 심리, 재정상태, 증상, 상황 등을 파악하여 선택지를 제한하기도 하고 확장하기도 해야 한다. 이는 고객의 상황을 직접 마주하는 약사들이 가장 잘할 수 있는 분야다. 또한 기계가 대체할 수 없는 고유의 영역이다. 간혹 어떤 약사님들은 세일즈나 마케팅이라는 용어에 반감을 가지고 있다. 하지만 고객에 대한 이해를 하고 나면 사람의 심리, 마케팅, 세일즈를 꼭 공부해야겠다는 생각이 들 것이다.

지피지기 백전백승

지피지기 백전백승이라 한다. 고객이 약국에 방문했을 때는 크게 두 가지의 상황으로 나뉜다. 첫 번째, 바로 상품명을 언급하며 달라고 하는 경우다. 둘째는 자신의 증상을 설명하며 간단한 해결책을 요구하는 경우, 즉 "제가 요즘 이러이러한 증상을 겪고 있는데 뭐 좋은 것 없을까요?"라고 묻는 경우다. 여기서는 후자의 경우에 관해 살펴보도록 하자.

약국이라는 공간에 대한 정의로 다시 돌아가 볼 필요가 있다.

1. 약사가 약을 조제하거나 파는 곳
2. 처방에 의하여 약을 지어 주는 병원의 한 부서
3. 예전에 한약을 지어 팔던 곳

약국은 네이버 사전 기준 약사가 약을 조제하거나 파는 곳이라고 정의된다. 하지만 약국은 약을 '판매'하는 공간이어서는 안 된다. 약국은 손님들의 약에 대한 '구매'가 이뤄지는 공간이어야 한다.

판매와 구매는 주체가 다르다. 이 미묘한 관점의 변화에 약국의 미래가 달려있다고 해도 과언이 아니다. 판매가 중심이 된다면 어떻게든 이 사람에게 판매를 할 수 있을까 하는 특정 상품과 나의 서비스에 무게가 실리게 된다. 하지만 구매에 초점을 맞추게 되면 고객이 어떻게 약국까지 '구매'를 위해 방문했는가로 관점이 이동하게 된다. 이후에는 고객의 문제 상황에 대한 이해로 시야가 옮겨간다.

고객은 자신의 건강상의 문제를 느꼈으며 해당 문제를 해결하기 위해 약국에 방문한 것이다. 따라서 문제 해결을 바라는 손님의 심리를 잘 살펴보면, 자신에게 발생한 증상의 원인Why을 파악하고 그에 대한 해결과 답What을 얻음으로써 상품을 구매(해결방법: How)하게 되는 메커니즘이 깔려 있다고 볼 수 있다.

대부분의 경우 고객은 자신의 문제 상황을 정확히 인지하지 못한다. 따라서 약사는 해당 문제가 왜 발생한 것인지를 우선적으로 파악해야 한다. 문제를 해결하기 위한 방법에 80퍼센트의 에너지를 할애해야 한다. 이 과정에서 '왜(원인: Why)'라는 물음이 충족되면 자연스럽게 '해결(답: What)'을 하고 싶다는 결론이 난다. 이때 '해결방법(구매: How)'을 고민하는 과정에서 약사는 손님에게 구체적인 해결책을 제시하면 된다. 이후에는 언제부터 복용할 것인지 혹은 생활습관에 관한 정보를 제공하면 더욱 좋다.

다시 말해, 약을 팔고 싶다면 우선적으로 고객의 문제를 정확히 파악하는 과정이 선행되어야 한다. 이 글을 읽고 있는 약사분들은 평소 자신의 소통 방식을 돌이켜 보길 바란다. 어쩌면 그동안 고객들에게 문제원인Why이나 해결What이 아닌 구매How부터 강조하는 우를 범하고 있지는 않았는지 말이다.

고객에 대해 파악하고 싶다면 다음의 다섯 가지 질문에 답해보자.

– 고객이 피하고 싶은 상황은 어떤 것일까.

– 불필요하게 고객의 시간과 돈을 소모하게 하는 것은 뭘까.

– 고객이 시간적 경제적 제약 없이 진짜 원하는 것은 뭘까.

– 고객이 나의 상품을 구매해야 하는 이유는 뭘까.

– 고객이 나의 상품을 선택하지 않은 이유는 뭘까.

이 질문에 대한 해답을 찾았다면 고객의 상황에 대한 객관적인 분석을 할 수 있으며 이에 따라 내가 취해야 할 전략을 정리할 수 있다.

설득을 통해 무엇을 얻을 것인가?

설득이라는 한자는 말로써 무언가를 얻는다는 한자어로 구성된다. 따라서 누군가 설득을 하려는 낌새를 발견하게 되면 나도 모르게 방어기제가 작동하게 된다. 상대의 말을 따른다는 것은 결국 무언가를 잃거나 손해 보는 것이라는 생각에서다. 여기까지의 말에서 이상함을 못 느꼈다면 당신은 꼭 주목해야 한다.

설득은 말을 통해 제안한 사람이 무언가를 얻는 것보다 상대가 무엇을 얻을 수 있는지에 초점을 맞춰야 한다. 고객의 온 신경은 이 제안을 통해 자신이 얻을 수 있는 것은 무엇인지에 쏠려 있기 때문이다. 무릇 그들에게는 얻고자 하는 것이 존재하고 이것이 충족된다면 기꺼이 당신의 제안을 따를 것이다.

수많은 상품과 서비스의 장점에서 고객이 원하는 것을 파악하고 그에 집중하여 설득하여야 한다.

감이 오게 하는 법

나는 평소 글을 쓸 때, 이야기를 할 때 "감이 오실까요?"라는 표현을 많이 사용한다. 내가 블로그와 약국브랜딩연구소를 운영하며 느낀 것이다. 어떤 대상을 내가 지식적으로 알고 있는 것과 그것을 상대방에게 전달하는 것은 완전히 별개의 문제라는 점이다.

잘 아는 것보다 더 어려운 것이 바로 내가 아는 내용을 잘 표현하는 일이다. 잘 표현한다는 것을 다른 말로 바꿔본다면 내 말을 듣는 상대로 하여금 감이 오게 만드는 것이다. 내가 아는 것을 전달하지 못한다면 결국 그 말은 힘을 잃고 만다. 쉽게 말해야 상대가 이해하고 공감한다. 요지는 감이 오게 해야 한다는 것이다.

약사가 된 뒤 영양제 공부를 해보니 주변에서 "나 뭐 먹으면 돼?"라고 질문하는 사람들이 많았다. 따라서 내가 제품을 잘 인지하고 있지 못하다는 생각을 했고 그에 따라 새로 나오는 제품, 효과가 좋은 제품 즉 상품을 학습하는 데에 집중하게 되었다. 이를테면 영양제의 구성이 어떻고 어떤 성분이 들어 있고 부형제의 상호작용은 어떻다느니 하는 식의 정보가 많았다. 이를테면 어떤 영양제에는 벤포티아민 함량이 100mg 들어 있다고 하는 내용 말이다. 초보약사이다 보니 갑자기 들어오는 방대한 양을 겨우겨우 소화시킬 뿐이었고, 그땐 그저 무작정 외웠다. 약국에서는 오히려 그들에게 상품을 먼저 제시하면 이러한 반응을 보이곤 했다. "너무 많이 먹으면 안 좋은 것 아니에요?" "그게 적은 거예요, 많은 거예요?" "벤포티아민이 뭐죠?" "고함량이나 먹어야 할까요?"

이 질문에 대한 답을 하는 것은 어렵지 않다. 하지만 의외로 나의 대답을 듣는 고객들로 하여금 감을 주는 일이 어렵다. 이럴 땐 비유를 사용해야 한다. 이를 테면 이렇게 말이다.

"축구를 할 때 아마추어 선수단과 국가대표 선수단 중에 누가 더 실력이 좋을까요? 아마추어 선수단은 아마 실수도 하고 중간에 넘어지기도 하겠죠? 국가대표 선수단은 패스도 잘하고 축구 발차기 솜씨도 뛰어날 겁니다. 일반 비타민 B군이 아마추어 선수단이라면 벤포티아민은 국가대표 선수단입니다. 국가대표 선수단이 제 능력을 잘 발휘하려면 팀 구성원 간의 화합도 중요하겠죠? 따라서 비타민 B군은 전반적인 구성을 보는 것도 중요하고요. 유능한 선수가 적절히 배치되는 것도 중요합니다. 벤포티아민은 체내에 빠르게 흡수되어 신진대사 능력을 향상시켜 줍니다."

정확하게 비유가 딱 떨어져야 할 필요는 없다. 중요한 것은 듣는 상대로 하여금 감이 오게 만들어야 한다는 점이다.

해당 큐알코드를 스캔하면
'약국브랜딩연구소'로 바로 이동한다

How를 통해 Why를 이끌어내라

한 고객이 약국에 방문했다. 이 고객은 '변비약'을 구매하러 왔다. 보통의 경우 다음과 같은 두 가지로 반응한다.

첫째, 일단 제품부터 보여준다. 둘째, 이전에 복용하던 제품이 있는지 물어본다. 이후 원래 복용하던 약인지 오래 먹었었는지 등 고객의 상황을 물어본다. 그 후 약국에 있는 약을 보여주게 된다. 혹시 여기까지의 과정 중에 의문을 느끼지 않았다면 집중해야 한다. 이 방법은 고객을 일회성 고객이 아닌 진정한 고객으로 바꾸는 전략이자 주목해야 할 포인트이기 때문이다.

상품구매에 집중해선 안 된다. 그 전에 먼저 고객이 약국에 방문한 이유와 증상의 원인에 초점을 맞추어야 한다. 즉 다시 말해 상품을 보여주면서 다음의 대화방법을 사용해야 한다.

"A는 대부분의 사람들에게 잘 듣는 약입니다. 손님의 상황을 더 잘 알아야 가장 좋은 약을 찾을 수 있겠네요. 제게 손님의 상태를 좀 더 말씀해 주시겠어요?"라고 말이다. 이렇듯 우리는 처음으로 돌아가서 이 손님이 왜 약국에 방문했는지를 알아내야 한다.

여기서 중요한 것은 왜Why 오셨냐고 질문하는 것이 아니고 어떤How 효과를 기대하며 약국을 방문했는지를 묻는 것이다. 이에 대한 대답은 구체적일 수록 좋다. 또한 약사가 제공하는 해결책은 고객의 머릿속에 직관적으로 미래에 얻게 될 효과를 그릴 수 있도록 도와주면 금상첨화다.

단순한 질문이지만 이 질문이 가져다주는 정보는 적지 않을 것이다. 고객에 대해 많은 것을 알게 해주는 아주 핵심적인 질문이다. 이와 같은 질문을 받은 사람들은 자신의 증상이 언제부터 시작되었고 어떤 방법을 사용해 봤으며 어떤 점이 불편한지 약사에게 상세하게 알려줄 것이다.

결국 이러한 상담을 위해 우리는 많은 약학도서, 스터디, 인터넷 강의를 통한 지식과 상담상황을 머릿속에 그려온 것이다.

한마디의 말에서부터 앞으로의 운동법, 식단법, 추가적으로 함께하면 좋을 영양소 등까지 고급 상담으로 진행할 수 있다. 모든 것의 시작은 고객이 왜 약국을 찾았는가에 있다.

너무도 많은 약사들이 이러한 과정을 혼자 진행한 뒤 왜가 아닌 상품 자체 혹은 상품에 대한 정보전달인 What 혹은 How를 제시하는 경향이 있다. '어떻게How'를 통해 고객 속 '왜Why'라는 질문에 대한 답을 찾는 과정이 약사와 고객과의 신뢰관계를 형성하며 향후 축적되어 대화를 이어나갈 수 있는 초석이 되어준다는 것을 명심하자.

거절당하지 않는 법

약사의 직능범위는 참 넓다. 약사는 약물학, 병태생리학, 약물치료학(1~5까지), 생리학, 생화학, 생약학까지 다양한 질병의 증상과 치료법, 약물의 부작용과 상호작용에 대해 배운다. 하지만 막상 약국에 나왔을 때의 문제는 고객들이 자신의 상태를 좀처럼 잘 말해주지 않는다는 것이다. 따라서 처방약을 보며 고객의 상황을 짐작하고 어떤 문제가 있겠거니 추론하며 질문을 던져야 한다.

약사의 경력이 쌓여가면서 특정 환자군과 접촉을 많이 하며 약사는 학습해 간다. 따라서 증상에 대해서 물어보며 경우에 따라 최적의 솔루션을 제공해야 한다. 대부분의 약사들이 상담을 진행한다고 하면 손이 차가운지, 밤에 잠을 설치는 경우가 있는지 등의 질문을 통해 상담을 이어나간다.

간혹 이런 경우가 있다. 고객이 어떤 증상을 얘기하자 이를 들은 약사가 지레짐작을 하고는 "혹시 이런 증상을 호소하세요?" 하고 고객에게 묻는 경우다. 만일 이때 고객인 상대방이 "아니요."라고 답하면 약사로서 당황할 수 있다. 따라서 이와 같은 상황을 피하기 위해서는 질문의 방식을 다소 수정할 필요가 있다. 다음과 같이 질문해 보자.

"손님과 비슷한 분이 많이 방문하셨는데요. 손님과 같은 분은 대부분 이러한 증상을 말씀하십니다. 손님은 어떠신가요?" 고객은 대부분이 그렇다는 사실에 일단 약사의 말을 신뢰할 것이다. 만일 이때 자신도 동일한 증상을 호소한다면 고개를 끄덕일 것이다. 만약 자신에게 해당이 되지 않는 경우라고 하더라도 거절이 아닌 설명을 할 것이기에 대화가 자연스럽게 이어진다. 이 방법을 사용한다면 이전의 질문보다 복약상담이 훨씬 부드럽게 넘어가는 것을 확인할 수 있을 것이다. 이후 공감과 소통을 통해 대화를 진행해 보자. 그다음에는 "제 말씀대로 한번 해보시겠느냐"고 권유하면 상황은 종료된다.

CHAPTER 2

약국상담의
실전과 대처

과도한 관심은 독

'랄라블라', '올리브영', '룹스' 이 세 곳과 1인 약국의 공통점
은 뭘까. 그건 바로 인사말이다. 이 네 가지 장소에서 고객을 응
대하는 인사말이 일치한다. 네 군데 모두 같은 인사말로 고객을
응대한다. "어서 오세요. 무엇을 도와드릴까요?" 하지만 이 한
마디가 주는 무게는 서로 너무나 다르다.

'랄라블라'나 '올리브영' 같은 일반 잡화점 점원이 건네는 인
사말은 고객이 듣기엔 부담이 없다. 고객들은 점원의 인사에 다
음과 같이 대꾸하면 될 뿐이다. "그냥 구경하러 왔습니다." 점

원이 이에 화답한다. "둘러보시다가 궁금한 점은 언제든 물어보세요." 일반 잡화점에서는 이런 식으로 대화가 진행되기 마련이다.

하지만 약국의 경우는 상황이 조금 다르다. "어서 오세요. 무엇을 도와드릴까요?" 이 말을 들은 고객은 고개를 갸웃거리며 '나가란 건가?' 하고 심리적인 부담감을 가지게 된다. 약사의 입장에서는 그저 친절하게 도움을 주고 싶은 마음에서 우러나온 말인데, 진심이 전달되기 힘들다. 더욱더 친절한 약사라면 약국에 방문한 고객의 동선을 뜨거운 시선으로 지켜볼 것이다. 분명 언제든 도움을 주려는 마음이지만 고객에겐 부담으로 다가오고 만다. 고객은 결국 조금 둘러보다가 출입문으로 나간다.

약국뿐만이 아니다. 누구나 한 번쯤은 조그마한 옷가게에 가 봤다면 이런 경험이 있을 것이다. 점원이 다가와서 "고객님 어떤 옷 찾으세요?"라고 한다면 오히려 친절이 부담스러워 충분히 둘러보지 못한 채로 나가고 만다. 약국의 규모는 대부분 크지 않은 경우가 많아서 이런 상황이 자주 있기 마련이다. 이 경우 어떤 해결책이 있을까? 다음의 방법을 사용할 수 있다.

"둘러보시다가 궁금한 것은 언제든 물어보세요."라고 말한 뒤 진열장의 위치를 이곳에서 저곳으로 정돈하는 것이다. 분주하게 다른 일을 하면 된다. 이 경우 고객은 오히려 편하게 약국의 이곳 저곳을 탐색한 뒤 궁금한 점이 있다면 질문을 하게 된다. 그때 편하게 대화를 이끌어나가면 된다. 과도한 친절은 상대에게 부담으로 다가온다. 어떤 구매를 결정할 때 물건에 대한 상상 등 자신만의 시간이 필요한 경우가 있다. 돌이켜보면 우리도 화장품을 고를 때, 발색을 확인할 때 점원이 와서 나만의 시간을 방해하기를 원치 않았던가. 약국에서 마주하는 고객도 마찬가지다. 행여 고객을 "뭐가 필요하시냐."라는 말로 쫓아내는 것은 아닐지 생각을 해봐야 한다.

약값 왜 이리 비싸요?

유독 약국에서만 상담을 마친 후 계산 시 이런 이야기가 들려온다. 상황에 따라서 다르겠지만 이 경우 말문이 막히는 경우가 대부분이다.

만약 고객이 제시하는 가격으로 깎아준다면 어떻게 될까. 결국 고객은 일회성으로 변하게 된다. 애초에 처음 생각한 가격이 아니었기에 건강한 관계가 될 수 없다. 고객 또한 다음에 다시 방문한다고 해도 다시 가격 흥정을 시도할 것이다. 또한 다른 고객은 자신이 합당한 대우를 받고 있지 않다고 느낄 수 있으므로 결과적으로는 별로 좋지 않다.

약국마다 납품가가 다르다고 설명하는 방식 또한 좋지 않다. 그 말은 결국 해당 약국이 다른 약국보다 가격이 비싸다는 인식만 굳힐 뿐이다. 과연 저렴한 약국이 어디냐고 묻는 것은 하나의 해결책이 될 수 있을지도 모른다. 가격할인을 단호하게 거부하는 것 또한 방법일 것이다.

그렇다면 부드러우면서도 단호하게 기절하는 다른 방법은 없을까. 해당 상황의 가장 큰 원인은 '이 약국 비싸네.'라는 생각에서 출발한다. 약값이 비싸다는 고객에게 다음과 같이 말을 건네 보자. "손님의 생각도 이해가 갑니다. 그리고 이렇게 가격이 결정된 데에는 이유가 있습니다."라고 해보자. 가격에 대해서 고객이 생각할 틈을 주는 것이다. 이를 통해서 고객이 중요하게 생각하는 가치를 알 수도 있다.

대화를 통해서 어떤 서비스를 추가적으로 제공할 수 있다. 약국만의 차별화된 서비스를 미리 생각해 둔다면 어떨까.

그냥 싼 거 주세요

약국에는 함량과 구성이 다른 건강기능식품, 일반의약품 등 다양한 제품들이 있다. 한 고객이 유산균을 구매하러 왔다. 약사는 유산균에 대해서 설명을 했고 마침 약국에는 다양한 구성이 준비되어 있었다. 약품들은 가격 또한 상이했다. 열심히 설명을 하고 나니 고객이 이렇게 말한다. "아~ 그래요? 그냥 싼 거 주세요."

도대체 싼 것의 의미가 뭘까? 가격표에 적힌 숫자가 낮다면 싼 것일까. 그 의미를 한번 되짚어 생각을 해봐야 한다. 가격과 비용에는 차이가 있기 때문이다. 이곳에서 다룰 내용은 비용에 관한 것이다.

먼저 '비용'이라는 개념에 대해 다시 한번 짚고 넘어가 보자.

첫째, 내가 딱 맞는 약을 선택을 하기까지의 일련의 과정이 비용이다. 약국에 방문하면 어떤 약을 먹는 것이 나에게 최고의 선택일지 가장 빠르고 쉽게 알 수 있다. 스스로 학습하려면 인터넷에서 좋은 약을 탐색하기 위해서 여러 개의 유튜브를 시청하고 블로그의 후기를 찾아봐야 한다. 여기에 소모되는 시간과 돈이 모두 비용이다.

유산균을 공부하기 위해 '프로바이오틱스'를 알아보다 보면 가장 먼저 등장하는 성분이 아마 '프리바이오틱스(유산균의 먹이)'일 것이다. 그 다음으로 '신바이오틱스', '포스트바이오틱스'까지 나온다. 그렇게까지 알아봤는데 막상 내가 원하는 영양제는 집 근처 약국에 없는 경우가 있기 때문에 다시 검색을 해본다.

각자의 생활습관과 건강상태에 따라서 적합한 약을 찾기 위해서는 공부가 필요하다. 이러한 과정에 소요되는 시간과 노력을 절약하고 최적의 건강 솔루션을 찾아주는 것이 약사의 역할이 아닐까.

둘째, 가격표에 적혀 있는 숫자인 가격은 비용 안에 속한다. 수많은 소비자들이 가격과 비용이 동일한 것이라고 착각을 하는 경우가 많은데 이것은 시각적으로 드러나는 가격일 뿐이다.

셋째, 결제가 끝난 후 추가적으로 소모되는 비용이다. 인터넷에서 알아보고 좋다는 제품을 구매했다. 약국에 있던 제품 중의 하나였다. 그런데 생각보다 효과가 좋지 못하다. 약사가 추천한 제품은 다른 것이었다. 해당 상품이 아른거리고 결국 구매한 영양제는 중고시장에 올려서 급하게 처리하고 이 돈으로 더 나은 제품을 구입하게 된다. 중고거래를 위해 소요된 시간, 건강에 대한 해결이 늦어져서 소모된 효율과 낭비된 시간 모두 비용에 속한다. 중고거래 등은 반품도 불가능하다. 이렇게 세 가지를 생각해 본다면 가격표에 적힌 가격이 비용과 동일하지 않다는 것에 대한 감이 올 것이다. 그렇다면 어떠한 해결책이 있을까?

이 경우 다음과 같이 대화를 해보자. "손님 조금 더 저렴한 제품 구매하고 싶은 마음은 충분히 이해가 갑니다. 하지만 상담 결과 손님께 가장 적합한 제품은 이 상품입니다. 단순하게 손님의 선택대로 해드리는 방법도 있습니다. 하지만 싼 제품 선택하시고 원하는 효과도 못 느끼시고 저도 찝찝한 것보다는 한 번만 더 이 제품으로 말씀드리고 싶습니다. 괜찮으실까요?"라고 말이다.

다음에 다시 올게요

약국과 편의점의 가장 큰 차이점은 뭘까. 보통 편의점에 들르는 사람들은 자신이 무엇을 필요로 하는지 명확하게 알고 있다. 반면 약국에 들르는 사람은 자신만의 증상을 가지고 있다. 이를테면 편의점에서는 "아, 잠이 오는데 편의점에서 커피를 하나 사야겠다."라는 식이다. 반면 약국에서는 고객이 "화상으로 데였는데 어떤 처치가 좋을까?"라고 방문하게 된다. 따라서 가장 큰 차이점을 꼽으라고 한다면 대화와 상담일 것이다.

고객이 편의점 점원에게 "제가 보통은 남양의 카라멜마키아또 음료를 마셨는데 오늘은 매일우유의 바닐라라떼를 마셔볼까 하는데 어떻게 생각하시나요?"라고 묻는 경우는 거의 없다. 반면 약국에서는 다르다. "이틀 전 화상으로 데였어요. 조금 방치해뒀더니 물집이 잡혔습니다. 어떤 조치를 취해야 할까요?" 혹은 "제가 발에 각질이 자꾸 생깁니다. 자꾸 벗겨냈더니 점점 피부가 두꺼워졌습니다. 어떡하죠?" 등으로 자신의 상황을 설명하게 된다.

벌써 이 글을 읽는 약사들은 해당 상황에 대한 적절한 해결책과 상담시나리오를 그릴 것이다. 고객은 처치에 대한 해결책을 얻었다. 그리고 마지막에는 이렇게 마무리가 된다. "그럼 하나 챙겨드릴까요?" 이 말을 들은 고객들은 갑자기 이렇게 말을 한다. "아 잠깐만요. 살까요? 말까요?" 이 말을 들은 약사는 이제 그 뒤에 어떻게 대화를 이어나갈지 머리가 복잡해진다. 더 이상 뭐라고 대화를 이어 나가야 할지 확실한 매뉴얼을 가진 사람이 거의 없다.

이 대화가 이렇게 흘러간 가장 큰 이유는 뭘까? 일단 복약상담까지는 참 좋았다. 하지만 마무리가 아쉽다. "드릴까요?" 하고 묻게 되면 상대는 물건을 구매할지 말지를 놓고 고민을 하게 된다. 때문에 이런 질문 대신 다른 질문이 필요하다. 그렇다면 어떤 질문이 좋을까? 듣는 고객으로 하여금 구매하고 난 후를 상상하게 만드는 질문이 좋다. 구체적으로는 다음의 질문이 있을 수 있다.

- 이 약의 효과를 더욱 더 좋게 하는 복용법이 있는데, 한번 해보시겠어요?
- 여기까지 궁금하신 점이 있나요? 언제부터 드실 건가요?
- 비슷한 약을 복용해 보신 적이 있나요?

– (증상) 해결을 위해 어떤 방법을 해보셨나요?

– 가족 중 비슷한 증상을 호소하시는 분이 있나요?

즉 고객에게 이걸 구매할지 아닐지의 판단을 맡기는 것이 아니라 고객이 이 약품을 구매한다는 것을 전제로 대화하는 것이다.

환불해 주세요

사람들은 이득이 주는 기쁨보다는 손해가 주는 고통에 좀 더 예민하다고 한다. 심리학자인 다니엘 카너먼Daniel Kahneman과 아모스 트버스키Amos Tversky는 이를 '손실혐오'라고 지칭한다.

사람들은 이득보다 손실에 약 2배 정도의 고통을 느낀다고 한다. 누구나 소유한 물건에 대하여 애착을 느낀다. 자신이 가진 것의 가치를 높게 생각하기 때문이다. 다음의 질문을 생각해 보자.

"당신의 천만 원이 700만 원으로 바뀐다면?"

"당신의 천만 원 중 300만 원을 잃는다면?"

두 가지의 상황은 결론적으로 동일하다. 하지만 어째서인지 조금 다르게 느껴진다. 첫 번째 질문이라면 700만 원으로도 행복할 수 있을 것만 같다. 후자의 경우라면 마음이 조금 더 쓰라릴 것 같다. 후자의 경우 소유한 것을 잃는 것에 초점이 맞춰졌기 때문이다.

동일한 상황도 얻는 것보다 잃는 것에 더욱 더 민감하기 마련이다. 같은 상황이라고 하더라도 손해와 이익 둘 중에 무엇에 방점을 두느냐에 따라 상황을 받아들이는 자의 심리 상태가 이처럼 확연히 달라진다. 따라서 약국에서 고객이 상품의 환불을 원한다면 그 선택에 따라서 고객이 잃게 되는 것이 무엇인지 다시 언급해야 한다. 그럼으로써 진정으로 환불을 원하는 것이 맞는지 질문해 봐야 한다.

CHAPTER 3

매출을 올리는
감동 마케팅

소비자들의 감동 포인트는 디테일이다

최근 코로나바이러스의 영향으로 배달문화가 성행하고 있다. 필자 또한 집에서 살크업(살로 벌크업)을 하는 중이다. 그중 한 중국음식점에 감동을 한 적이 있다. 해당 음식점을 인터넷에 검색을 해보니 실제 점포를 갖춘 곳은 아니었다. 아마 주방만 가지고 있고 배달서비스만 하는 곳으로 짐작된다. 배달 온 음식을 보면 정성스런 손글씨에 박스 포장, 심지어 음식을 먹을 때 편리하게 먹으라고 머리끈까지 챙겨준다. 덕분에 마치 선물을 받는 듯해 일단 먹기 전부터 기분이 좋아진다. 해당 음식점의 리뷰를 보면 다음과 같다.

"박스포장 너무 감동이에요! 탕수육은 너무 부드럽고 짜장, 짬뽕도 맛있습니다. 또 시킬게요~" 이와 같은 호평이 대부분이다. 여기서 주목해야 할 점은 많은 음식점들이 본질에 집중한 나머지 디테일을 놓치고 있다는 점이다. 너무도 많은 사장님들이 최고의 음식점이 되기 위하여 맛을 연구하는 것, 재료 수급을 알아보는 것에 노력이 치중되어 있다. 어쩌면 중요한 것은 그것이 아닐지도 모르는데 말이다.

백화점에서 명품 가방을 구매한 적이 있다. 명품 가방을 살 때 가방이 예쁘고 디자인도 좋아야 하는 등등이 중요하지만 사람들이 설레는 포인트는 따로 있다. 바로 '언박싱(제품을 뜯는 과정)'이다. 많은 유튜버들이 언박싱 영상을 찍고 구독자들은 영상을 보며 대리만족을 한다.

일단 명품 가방을 구매하면 검수를 위해 모든 포장재를 뜯고 가방을 천천히 보게 된다. 구매를 하고 나면 풀었던 포장을 다시 해준다. 보통은 기름종이를 가방 속에 가득히 넣어 가방을 빵빵하게 하며, 검수 중 뜯었던 포장지를 가방 고리에 다시 감아준다. 그뿐인가. 큼직한 종이박스에 가방을 뉘인 채 리본으로 포장하고 이후에는 브랜드 로고가 박힌 종이 가방에 담아준다. 사실 구매한 가방 그 자체를 메고 나오는 것이 시간과 금액 면에서는 훨씬 경제적인데 명품 구매 후 바로 착용하고 나오는 사람은 거의 없다. 남에게 선물할 것도 아니고 본인이 사용할 것인데 말이다.

여기서 중요한 것이 바로 '디테일'이다. 많은 사람들이 본질에 치중한 나머지 디테일을 잊는 우를 범하게 된다. 단순히 가방의 모양 외에도 예쁜 포장박스를 받은 고객은 좋은 서비스를 받았다고 인식한다. 또한 받은 상품의 질 또한 훌륭하고 좋았다고 느끼게 된다. 여기까지는 소비자에 대한 이해이다. 그렇다면 '약사'의 입장에서 이를 어떻게 적용할 수 있을까.

많은 약국들이 디테일에는 미처 신경 쓰지 않고 있다. 디테일이라니, 그게 무슨 의미인지조차 모르는 경우도 많다. 그래서는 안 된다. 머지않은 미래에는 단순히 상품팔기 식의 경영만으로는 약국을 꾸려나가기가 어려울 시기가 도래할 것이다.

그러니 지금부터라도 소비자를 위한 맞춤형 서비스 마인드를 장착해야 한다. 이때, 소비자에 대한 이해를 바탕으로 생각해 보자. 주 고객층의 입장에서 약사가 어떤 서비스를 제공하면 감동을 받을 수 있을까? 많은 약사님들과 대화를 해보면 일단 다음의 대답을 하는 경우가 많다. "하면 좋죠. 하지만 약국에서 일하다 보면 그런 것을 신경 쓸 여력도 시간도 없어요. 갑자기 처방전이 들어오면 얼마나 정신이 없는데요."

아마도 약사님들은 완벽한 서비스, 감동을 주는 서비스를 제공해야 한다고 생각하시는 듯하다. 이를테면 앞의 대부분의 음식점 사장님이 좋은 맛을 연구하는 것, 좋은 질의 재료를 수급하는 것처럼 품이 많이 들고 도입하려면 시간이 오래 걸리는 일말이다. 사실 사람들의 감동 포인트는 그렇게 위대하고 어려운 것이 아니다.

이를 테면 통풍환자에게 '주의해야 할 음식'에 대한 도움이 되는 글을 한 장 주는 것만으로도 차별화될 수 있다. 고혈압환자에게 '함께 먹으면 좋은 식단'에 대한 글 혹은 도움 되는 영상이 적힌 종이를 주는 것도 감동으로 올 수 있다. 아니면 개인 블로그를 운영해서 도움이 되는 글을 작성한 후 문자 등으로 글의 링크를 보내주는 방법도 있다. 피곤함을 호소하는 직장인에게 간단히 앉아서 할 수 있는 스트레칭 방법을 알려줄 수도 있고, 운동 유튜브 링크를 추천해 줄 수도 있다. 이런 감동 포인트가 건강에만 국한될 이유는 전혀 없다.

예를 들어 아이의 영양제를 사러 온 엄마에게 해당 지역의 추천 학원을 모아놓은 정보를 주거나 연인의 영양제를 위해 방문한 고객에게 함께 먹으라며 간단한 초콜릿, 캔디 몇 개 챙겨주는 것. 이런 사소한 디테일에 사람들은 감동하게 된다. 간단하게는 애인을 위해 약을 구매하러 온 꼬마 손님에게 연인을 생각하는 마음이 예쁘다며 특별히 예쁜 종이봉투에 담아 주거나 간단한 편지지를 제공할 수도 있다. 그곳에 약에 대한 간단한 설명을 적는 것은 어떠냐고 제안하면 고객은 감동한다. 어떤 약사님은 예쁜 디자인의 약국용 스티커를 제작하여 구매 시에 붙여주기도 하고, 본인의 약국용 약 봉투를 제작하기도 한다. 이것이 바로 디테일의 힘이다. 한번쯤 도전해 볼 법도 하다.

약국만의 서비스를 기획하라

① 영양제 전부 복용하기 이벤트

영양제의 효과를 확실히 보기 위해서는 꾸준히 3개월은 복용해야 한다. 해당 영양제를 다 복용한 뒤 구매영수증을 가지고 오면 다음 번 구매 시 할인 혜택 혹은 간단한 상품을 줄 수 있다. 약국의 입장에서 부담이 되지 않는 정도에서 추가 선물을 기획해 볼 수 있다.

② 영양제 꾸준히 복용하기 서비스

대부분의 문제가 꾸준하게 복용을 하지 않기 때문에 발생한다. 약국 관련 오픈 카카오 채팅방을 개설하자. 그 후 매일 아침 영양제 복용 후 사진으로 인증한다. 핸드폰 어플 중 '타임스탬프'를 활용한다면 영양제 복용 시간을 인증할 수도 있다. 그들만의 커뮤니티를 구축할 수 있도록 도와준다면 이후에는 자동으로 운영된다. 함께 복용하다 보면 동료의식도 생긴다. 열심히 활동하는 멤버에게는 등급을 부여해도 좋다.

③ 약국 블로그를 개설해 보자

약국을 방문한 고객에게 약국 블로그 주소를 큐알코드로 제작한 명함을 전달하는 방법은 어떨까. 건강에 관한 칼럼 혹은 약국 소식에 대한 칼럼을 메일 혹은 오픈 카카오톡 채팅방에 공유하면서 소통하는 방법도 있다. 궁금한 점이 있다면 답변을 블로그에 글을 작성해서 공유하는 방법으로 진행하는 방법도 있을 것이다.

④ 약국 커뮤니티 만들기

약국에 대한 카페 등 커뮤니티를 구축해 보자. 건강에 관심이 많은 사람들에게 어떤 식으로 건강관리를 하고 있는지 서로 소통할 장을 만들어보자. 또한 건강에 도움이 되는 유튜브 영상 혹은 책 등을 공유하는 방향도 좋다. 약국을 기점으로 새로운 커뮤니티를 구축하는 것이다.

⑤ 선불방식을 도입하기

약국에 방문하는 사람들의 결제 시의 부담을 줄여주는 것은 어떨까. 사람들은 돈을 지불할 때마다 일종의 부담감을 느끼기 때문이다. 일정 현금을 충전하고 나면 그에 해당하는 금액은 약국에서 사용하는 돈으로 사용처가 고정된다. 이렇게 금액을 할당하고 나면 사람들은 돈을 지불할 때 부담을 느끼지 않게 된다. 예를 들자면, 스타벅스나 스터디카페 등에서 선불 충전카드를 권장하는 경우를 볼 수 있다. 어떤 제품을 구매하기 전에 미리 대가를 지불하면 고통은 감소하기 때문이다. 약국에도 선불 결제를 한다면 주변 커피집 등의 할인 혜택을 제공하는 등의 방식으로 사람들을 유인한 뒤 영양제나 상품 구매 시 포인트를 차감하는 방식은 어떨까.

⑥ 건강의 달 기획하기

약국을 방문한 손님들에게 새로운 이벤트를 선사하는 것은 어떨까. 이번 달은 눈 건강을 위한 달이라고 지정하여 눈 건강 관련하여 작은 이벤트를 기획할 수 있다. 눈 건강에 도움이 되는 템플릿을 제공하거나 눈 건강 제품에 대한 할인 혜택 혹은 서비스를 제공할 수 있다. 눈 건강과 관련해서 함께 먹으면 시너지가 나는 상품 혹은 운동을 묶음으로 제공할 수 있다.

⑦ 약국 바우처의 장점

사람들은 돈을 지불할 때마다 일종의 고통을 느낀다고 한다.

예를 들면 스타벅스나 스터디카페 등에서는 선불 충전카드를 권장하는 것을 볼 수 있다. 어떤 제품을 구매하기 전에 미리 대가를 지불하면 이미 돈의 사용처가 고정된다. 이렇게 금액을 할당하고 나면 사람들의 돈을 지불할 때의 부담감은 감소하게 된다. 약국의 경우 특수하기 때문에 바우처 사용에는 한계가 있을지 모른다. 하지만 2022년부터 임산부를 대상으로 임산부가 약국에서 일반약 결제 시에 국민행복카드 사용이 가능해진다. 이를 통해 국민들이 약국에서 단태아 60만 원, 다태아 100만 원까지 처방약과 일반약을 구매할 수 있게 된다. 이를 통해 임산부, 수유부의 약국 방문이 늘어날 것으로 기대된다. 사용처가 고정되기 때문이다. 약국에서도 이후에 유사한 상황에서 고객의 지불의 고통을 줄여줄 수 있는 방안에 대해서 고민해 보는 것은 어떨까.

⑧ 브랜드블로그를 활용하기

이만큼 개인의 철학이 중요시된 경우가 있던가. 약국블로그를 운영하는 대부분의 경우 해당 약국에서 취급하는 약에 대한 포스팅이 주를 이루고 있다. 물론 약국에서 우리 약국이 보유하는 약을 소개하기 위하여, 시간이 없어서 이를 알리기 위한 목적으로 운영하는 것에는 문제가 없다. 하지만 매출을 올리기 위해서라면 다른 접근이 필요하지 않을까. 또한 약에 대한 포스팅은 의약품 광고에 대한 법적인 규율에서 자유로울 수 없다. 내 주변의 약사님은 제품 포스팅을 시도하다가 고발당해서 골치를 썩였던 경험이 있다. 관련 법령을 찾아보면 고려해야 할 사항이 한두 개가 아니다.

기본으로 돌아가서 이럴 때에는 약국 브랜드 블로그 운영목적에 대해 생각해봐야 한다. 단순히 우리 약국에 이 약이 있다는 것을 알리는 목적이라면 단순히 약 정보를 포스팅을 하면 된다. 하지만 이 경우 소비자들의 초점은 제품으로 가고 결국 소비자들은 해당 제품이 있는 다른 약국으로 쉽게 발걸음을 돌릴 것이다. 물론 당신이 운영하는 약국으로 올 수도 있지만 말이다. 하지만 4차 산업혁명시대에서 해당 접근은 당신이 차별화될 수 없는 접근법이다. 당신은 남을 위한 광고를 한 셈이다. 같은 시간과 노력이라면 나를 광고하는 것을 선택하는 것은 어떨까.

그렇다면 이 상황 속에서 약사는 어떻게 해야 할까. 제품을 판매하기보다는 고객에게 해결책을 제공하는 텔러가 되어야 한다. 고객은 내가 판매하는 제품보다는 내가 알려주는 이야기에 귀를 기울일 것이다. 같은 해결책이라도 고객은 나라는 전문가에게 조언을 듣기를 희망할 것이다. 어떤 것을 말할 것인가. 이에 대해 나는 건강정보에 약사 개인의 경험을 녹여내어 제공하는 것을 권장한다. 사람들은 약사 개인의 이야기와 인간다움에 매력을 느낄 것이다. 또한 그 인사이트를 보고 해당 약사에게 건강상담하기를 희망할 것이고 이것이 매출과 연결될 것이라고 말한다. 각고의 노력을 들여서 우리는 약국을 '약을 판매하는 공간'이 아닌 '약사에게 상담을 받을 수 있는 공간'으로 인식을 변화시켜야 한다.

무형+유형 서비스를 준비하라

약국브랜딩연구소(약브연)를 만들기까지 나는 사람들이 퍼스널컬러 상담에 상당히 고액을 지불하면서 자신에게 맞는 맞춤형 영양제 상담서비스에는 돈을 지불하지 않는 현실이 잘 이해가 가지 않았다. 따라서 처음 내가 약사 브랜딩을 해야 한다고 느꼈던 것은 약사들의 맞춤형 상담서비스가 거래되는 세상을 만들기 위해서였다. 그래서 나의 뜻을 널리 알렸더니 그 당시 약사님들은 이제까지 그러했기에 앞으로도 그럴 것이라고 생각하는 경우가 많았다. 하지만 나는 이런 관점은 정말 미묘한 차이로 바뀔 것이라고 생각한다.

만일 퍼스널컬러가 단순히 고객의 피부 톤에 어울리는 색을 알려주는 차원에서 그치는 서비스업이었다면 그토록 인기를 끌지 못했을 것이다. 퍼스널컬러가 사람들의 호응을 이끌어낼 수 있었던 가장 핵심적인 요소는 바로 서비스 '이후'에 있다. 퍼스널컬러를 진단받은 고객들은 자신에게 어울리는 컬러조합이 담긴 분석결과 시트를 받게 된다. 바로 이러한 유형적인 서비스가 고객들의 마음을 사로잡은 것이다.

이와 같은 방식을 약국에 적용할 수도 있다. 약국에서 제공하는 건강상담 서비스는 엄밀히 말해 '무형'의 가치다. 단순히 무형의 서비스에서 그치지 않고 유형의 서비스로 나아갈 수 있는 방법을 고민해야 한다.

나는 최근 마케팅강연에서 약사님들에게 무형의 건강서비스에 어떤 유형의 서비스를 제공할 수 있을지 대비해야 한다고 강조했다. 강연을 접한 어떤 약사님은 강연 내용을 바로 실전에 도입하였다. 고객과의 상담 시 A4용지에 고객의 증상 및 생활습관 같은 상담내용을 적고, 이에 걸맞는 필요한 영양소를 적었다고 한다. 그리고 약품 결제를 마친 고객에게 이를 제공했다고 한다. 그러자 고객들에게 변화가 생겼다고 한다. 처음에는 관심이 없어보였던 고객들도 나중에는 점차 주의를 기울였다고. 무형서비스의 '물성화'를 시도한 것이다.

같은 내용의 처방이라고 하더라도 그것을 물성화해서 고객에게 제공하느냐 그렇지 않느냐는 커다란 차이를 이끌어낸다. 약사의 맞춤형 처방이 담긴 A4용지를 받아 든 고객은 약사의 세심

한 마음을 두고두고 기억하게 될 것이며 이는 고객으로 하여금 그 약국을 다시 한 번 방문하게 되는 계기가 될 수도 있다. 무형 서비스와 유형서비스를 접목하면 얼마든지 이와 같은 멋진 변화를 이끌어낼 수 있다.

요즘은 네이버의 '클로바노트'라는 어플을 사용하면 음성을 바로 텍스트로 기록할 수 있다. 약국 방문 고객을 위한 건강상 담지를 준비해 보는 것은 어떨까. 무형의 서비스를 어떻게 하면 유형의 제품으로 제공할 수 있을지 고민해 봐야 한다.

이 책의 부록에는 내가 제작한 약국용 건강상담지가 있다. 이 처럼 우리 약국의 건강상담지를 만들어서 소비자와 소통을 시 도해보면 어떨까?

가치를 제공하는 마케팅

약국이라는 공간은 나의 상품과 서비스를 소개하기에 적합한 공간일까? 이 질문에 대부분의 약사님들은 글쎄요 혹은 경쟁력 이 없다고 생각하는 경우가 대부분이다.

(중략) 칸타월드패널이 전국 표본 가구의 구매횟수를 기준으로 건강

기능식품시장 현황을 조사한 자료에 따르면 지난해 국내 건강기능식
품시장에서 약국의 점유비는 5.9%로 파악됐다. 지난 2016년 8.7%였
다는 점을 감안하면 최근 점유비는 계속 낮아지는 추세다. (중략)

— 『약사공론』, '건강기능식품시장 약국 비중 5.9% "계기가 필요하다"' 중에서

위 뉴스에서 보다시피 건강기능식품 시장에서 약국의 비중은
점점 더 줄어가는 추세다. 이러한 통계 앞에서 약사들은 대부분
위기의식을 느끼며 어떻게 이 위기에서 벗어날 수 있을지 고민
하고 있다. 하지만 진정으로 약국이라는 공간은 나의 서비스와
상품을 소개하기에 불리한 조건일까?

고객을 두 가지로 나눠서 생각해 보자. 고객은 크게 두 종류
로 분류할 수 있다.

첫째는 고객이 먼저 문제 상황을 파악하고 이를 해결하고자
찾아오는 고객이다. 둘째는 문제를 인식조차 하지 못하는 고객
에게 문제 상황을 인식시키고 상품과 서비스를 소개해야 하는
경우다. 대부분의 고객은 자신의 불편한 상황을 불편하다고 인
지하지 못하고 참고 살아간다. 이 경우 약사는 고객에게는 불편
한 상황을 인식시키고 또한 그에 따른 방법 또한 제시해야 한다.

물론 두 가지 경우가 명확하게 나눌 수 있는 것은 아니다. 문

제를 인식하고 온 사람에게 원하는 제품과 서비스를 제공하고 추가적으로 다른 문제를 발견하고 다른 제품을 권하는 경우도 있기 때문이다. 하지만 큰 틀에서는 고객을 두 가지로 분류해 보도록 하자.

두 가지 상황의 난이도는 어떠할까. 전자의 경우가 후자에 비해 훨씬 쉽다고 볼 수 있다. 왜냐하면 이미 고객이 마음속에 자신에게 어떤 제품이 필요하다고 인식을 하고 있기 때문이다. 당신은 대부분의 경우 경청을 잘한 뒤에 필요한 서비스를 제공하면 된다. 이 경우는 해가 지나고 경력이 쌓일수록 점점 더 능숙해지게 된다. 하지만 당신이 전자의 고객만을 상대하기로 마음먹음과 동시에 위의 뉴스에 나온 약국의 건강기능식품 점유비인 5.9%는 더욱 더 낮아지게 될 것이다.

약국에서 당신이 상대하는 고객은 전자인가 후자인가. 처음 약국에 근무하게 되는 초보약사는 전자의 고객을 주로 상대하게 된다. 이를테면 약국에 방문한 고객이 진통제, 피임약 등을 달라고 방문하는 경우다. 고객 스스로 how에 대한 대답만을 듣기를 원하는 경우다.

대부분의 약사들은 이미 주변 지인으로부터 '나 온몸에 염증이 생기는데 뭐 좋은 거 없어?' 혹은 '나 요즘 잠이 안 와서 죽겠어.' 등의 문제상황을 많이 들어왔다. (심지어는 약대에 재학 중일 때부터) 이들의 대부분은 당신을 신뢰하며 당신의 해결책을 기대하는 경우다. 하지만 약국의 고객이 전자와 같다고 생각한다면 큰 착각이다. 만약 전자와 같은 고객만 당신의 약국에 매일 방문한다면 당신은 축복받은 약사다. 하지만 이 경우라 하더라도 약국에서 새로운 변화를 꾀하려면 한 단계 도약하기 위하여 당신은 후자의 고객을 이끄는 방법을 익혀야 할 것이다.

후자의 고객을 이끄는 방법은 바로 '그 고객이 진정 원하는 것'을 시원하게 긁어주는 것이다. 이 경우 고객 개인마다 중요하다고 느끼는 가치가 모두 다르다.

오메가3를 권한다면 무엇을 강조할 것인가. 오메가3 속에 들어있는 성분인 EPA, DHA 함량이 비교적 고함량이라고 이야기를 해봐야겠다고 생각한다면 당신은 하수다. 물론 제품의 품질에 대해서 설명하는 것 또한 중요하다. 하지만 진짜 중요한 것은 고객이다. 고객에게 이 제품이 어떤 의미, 어떤 가치를 가지는지를 전달해야 한다. 고객은 이 상품이 자신에게 어떤 가치를 가지는지 스스로 알아볼 정도로 부지런하지 않다. 오죽하면 유튜브 5분짜리 영상의 하단 댓글에도 '3줄 요약 부탁드려요'라는 댓글이 달릴 정도니 말이다. 가능한 필요한 가치를 효과적으로 전달하는 것이 중요하다.

당신에게 오늘 하루는 어떤 의미인가. 누군가에게는 똑같은 일상의 반복일 수도 있고 누군가에겐 설레는 생일일 수도 있다.

그런가 하면 어제 사망한 어떤 이에게는 그토록 바라던 내일일 수도 있다. 같은 하루도 어떤 상황이냐 어떤 가치를 부여하느냐에 따라서 그 의미가 달라진다. 그리고 같은 상품에 숨을 불어넣어주는 것은 오로지 약사의 몫이다. 단순히 지목하는 상품만을 주는 공간이 약국이 되어서는 안 된다는 말이다.

다시 오메가3로 돌아가서 누군가에게는 생선기름 정도로 느껴질 수 있음에도 그 안에 담긴 효능이 개인에게 어떤 의미로 다가올 수 있는지에 대한 가치를 전달할 수 있는 것이 바로 약사다.

그렇다면 요지는 가치를 전달하라는 것인데 가치를 전달하기란 쉽지 않게 느껴진다. 이때 페르소나라는 개념을 도입하면 된다. 페르소나란 이성과 의지를 가진 하나의 새로운 인격체를 의미한다. 쉽게 말해 가상의 고객을 설정하라는 뜻이다. 가상의 고객을 구체적으로 그린 뒤에 고객과 대화를 한다고 생각해 보자.

해당 상품을 고객에게 권한다고 생각했을 때 고객의 입장에서 그래서 그게 무슨 의미가 있는 걸까. 기억력 개선에 도움이 되는 오메가3를 판매한다면 고객은 이로 인해 깜빡깜빡해서 곤란했던 대인관계에서 자신감을 구매한 것일 수 있을 것이다. 만약 활성산소를 제거하는 기능이 추가로 고시된 제품을 판매한다면 고객은 이를 통해서 건강한 노후관리와 자식들과 오래오래 소중한 시간을 보낼 수 있는 가치를 구매한 것일 수 있다.

제품이 가지는 기능에서 한 단계 넘어서 그 기능이 고객에게 어떤 의미를 가질 수 있는지 고민해 보는 것이 현명하다. 이를 통해서 당신은 단순히 이 제품을 뭐라고 제안해야 할지에 대한 부담감에서 해방될 수 있다. 이것이 바로 가치를 전달하는 가장 기본적이자 핵심적인 방법이다. 이를 통해서 당신은 고객들에게 '약 판매자'가 아니라 '가치를 제공하는 약사'로 거듭날 것이며 매출 상승은 자연스레 따라올 것이다.

구매자와 실사용자가 다른 경우

약국에 오는 고객은 자신의 건강문제로 방문하는 경우도 있지만 타인에게 선물을 할 목적으로 방문하는 경우도 있다. 이 경우는 실사용자와 구매자가 다르기 때문에 고려할 상황이 추가적으로 있다. 결국 사람의 관계에 대한 문제이다.

약국에서 만나는 사람들과는 고려해야 할 상황이 총 세 가지 단계가 있다.

첫째는 상품의 우수성에 대한 이야기다. 약사들은 많은 공부를 통해 새로운 지식을 학습하고 새로운 제품 정보를 습득한다.

이 경우 제품의 가치에 대해 경력이 쌓이면서 전문적으로 학습하게 된다. 하지만 안타까운 점은 대부분의 약사들이 제품에 대한 정보를 심화하여 학습하면 이것이 바로 고객 앞에서 당당해지는 길일 것이라 생각하는 것이다. 이 과정에서 부족함을 느낀다면 이에 대한 심화단계로 건강에 대한 전문지식을 쌓아야 한다고 생각한다. 하지만 잠시 두 번째 고려사항을 생각해 보자.

둘째는 앞서 말했듯 상대에 대한 가치전달이다. 고객에게 이 제품이 어떤 효과를 나타낼 수 있는가를 전달하는 것이다. 이에 따라서는 고객과 소통하며 고객의 가치관에 따라서 다른 접근법이 필요하다.

사실 여기까지 잘 전달하는 경우만 하더라도 우리 동네 단골약국으로 거듭날 수 있다. 하지만 진정한 고수는 여기서 멈추지 않는다. 또한 구매자와 실사용자가 일치하지 않는 경우 즉 아이 영양제를 사려고 방문한 어머니의 경우와 어머니를 위한 제품을 사기 위해 방문한 고객, 사랑하는 연인을 위한 상품을 위해 방문한 경우에는 추가 고려사항이 있다. 이 경우에는 제품이 주는 효능, 이 제품을 사용한다는 것의 의미를 넘어서 보이지 않는 고객의 마음을 들여다봐야 한다. 바로 구매자와 사용자가 다르기 때문에 사용자가 이 제품을 받았을 때 구매자에게 느낄 마음을 잘 전달하느냐가 그것이다.

아이의 성장을 위해 영양제를 구매하러 온 손님이 있다고 가

정해보자. "이거 좋을 것 같긴 한데 맛이 써서 아이가 잘 안 먹을까봐 걱정되네요."라고 하면 대부분의 경우 "맛이 괜찮으니 시도해 보세요."라고 반박하기 마련이다. 혹은 이 경우 뭐라고 답변해야 할지 머리가 하얘지며 자리를 피하고 싶을 것이다. 어쩌면 이 고민을 던진 고객은 이에 대한 반박을 예상하고 있었을지도 모른다. 하지만 이렇게 말한다면 어떨까?

"맞습니다. 이 제품을 구매하면서 그렇게 걱정하는 분들이 꽤 있더라고요. 혹시 아이가 몇 살일까요?" 하고 일단 동의하는 것이다. 이 경우 고객은 "네, 초등학교 3학년입니다."라고 대답할 것이다. 그렇다면 이렇게 얘기해 보자.

"아~ 한참 성장이 고민되시겠어요. 물론 이 제품이 다른 것에 비해서 맛이 조금 쓴 것은 사실입니다. 따라서 아이들이 영양제 먹는 것을 썩 좋아하지 않을 수도 있어요. 하지만 손님이 아이의 성장이 고민이시라면 꼭 이 제품을 구매하셔야 한다고 생각합니다. 왜냐하면 아이 영양제를 선택할 때 기준이 오직 맛이 되어서는 안 되기 때문입니다. 오히려 영양제의 맛을 생각하며 나중에 아이가 '엄마 덕분에' 그 영양제 먹었던 기억과 함께 자신의 성장을 신경써 준 엄마에게 오래도록 감사할 것이기 때문입니다."

단순히 영양제가 아이의 성장을 어떻게 촉진시킬 것인지 어떤 결과가 있을 것인지에 대한 내용도 분명 중요하지만 구매행위가 둘 사이의 관계를 어떻게 진척시킬 것인지 생각해 보라. 다른 사람에게 일어날 효과가 구매자 당신에게 어떻게 돌아올 것인지 고려한다면 더욱 더 중요한 가치를 선사할 수 있기 때문이다.

BRANDING

PART 2

판을 뒤엎는 구세주, 브랜딩

앞서가고 싶은가? 긴 행렬의 끝에서 도무지 나아갈 기미가 보이
지 않는다면 유일한 해결책은 판을 뒤엎는 방법뿐이다. 새로운 기
준을 도입하고, 평범한 삶 안에서 새로움을 도출하자. 그리고 그
지점이 당신에게 새로운 출발점이 되어줄 것이다.

CHAPTER 1

브랜딩을
마주하다

엉겁결에 마주한 브랜딩

'브랜딩'이라는 단어가 주는 설렘을 아는가. 간혹 사람들은 브랜딩이라는 단어를 보면 일단 어렵고 대단한 것이라고 생각한다. 어느 정도 '성공한 사람'이 하는 것이겠지, 하는 생각을 가장 많이 한다. 그리고 대부분의 사람들이 장인이 되고 나면 한번쯤 도전해 봐야겠다는 생각을 많이 한다. 물론 장인이 되어서 해도 좋다. 하지만 잘해야겠다는 생각을 하는 순간 문턱은 높아진다. 잘해야겠다는 생각을 하는 순간부터 어쩌면 영영 시작하지 못할지도 모른다. 마치 검술의 달인이 되기 위해서 열심히 칼만 갈

다가 정작 시합은 나가지 못하는 경우와 같다. 위대한 사람이 되기 위해 위인전만 읽고 "와~ 대단하네."라고 생각하고 책을 덮는 사람들처럼 말이다. 많은 사람들이 유명한 사람이 되고 "제가 이렇게 했었더니 성공했습니다."라는 방식으로 접근하기를 원한다. 정작 성공한 사람이 되기까지의 방법은 모른다.

내가 한 일련의 이야기들에 고개를 끄덕인 사람이라면 꼭 '개인브랜딩'을 해야 한다. 성공하기 위해서다.

나는 문자 그대로 '엉겁결'에 브랜딩을 알게 됐다. 참 단순했다. 우리 실험실은 1인 연구실이다. 원래도 혼밥(혼자 밥먹기)을 싫어하는 나로서는 밥 먹으러 다니는 동안 학교 앞 맛있는 식당이나 개인 블로그에 올려볼까라는 생각이 들었다. 정말 단순했다.

식사를 하는 동안 사진 찍고 간단한 설명을 쓰고 업로드를 반복했다. 블로그에 동일 장소에 대한 음식분야 콘텐츠가 쌓이다 보니 그 근처에 방문하는 사람들의 블로그 구독 수가 점점 늘어났다. 이대, 신촌 부근의 밥집을 계속 적다 보니 어느 날 문의가 왔다. 한 음식점에서 5만 원의 식사권을 제공할 테니 식사 후 블로그에 글을 하나 남겨달라는 문의였다. 같은 식사를 하는데도 돈을 내고 먹는 사람이 있는가 하면 돈을 받고 식사하는 사람이 있다.

사진엔 영 재능이 없던 내가 어느 날은 지인으로부터 "역시 블로거라 사진을 잘 찍네. 나도 하나 보내줘~" 하는 소리를 들었다. 사진을 찍고 글을 적다 보니 사진 찍는 기술 또한 늘은 것이었다. 물론 글쓰기 실력도 늘었다. 콘텐츠 소비자에서 콘텐츠 생산자가 된다는 것은 이런 의미였다.

원래는 밥을 먹고 돈을 지불하는 시간에 나는 사진 찍는 기술, 글쓰기 기술, 마케딩 기술을 동시에 습득했다. 또한 무료로 밥도 먹을 수 있었고 또 다른 식당에서는 무료 식사권을 제공할 테니 식사를 하고 리뷰를 올려달라는 요청도 왔다. 이것을 깨닫고 나니 제대로 해보고 싶었다.

해당 큐알코드를 스캔하면
'진심약사 블로그'로 바로 이동한다

남을 알릴 것인가, 나를 알릴 것인가

학창시절 영어는 내가 유일하게 잘하던 과목이었다. 해외를 살다 온 경험도 없는데도 학창시절 영어 듣기평가는 항상 만점이었다. 졸업을 위해 영어점수를 빨리 따놓자 생각이 들어 모의고사를 풀고 간 토익시험에서 운이 좋게도 만점을 받았다. 더 이상 영어시험을 다시 칠 이유가 없었다. 1년간 열심히 실험을 한 덕분인지 석사 2년 차에는 SCI급 유명저널에 논문 2편이 실리게 되었다. 석사로서는 드문 경우였다. 이렇게 여차저차 나의 석사생활 중 1년 반이 쏜살같이 지나가 버렸고, 2020년 7월에 나는 블로그를 시작했다.

블로그를 운영하고 주로 밥집에 대한 포스팅을 하다 보니 나의 이야기를 쓰는 것이 아니라 남을 홍보해 준다는 느낌이 들었다. 내가 글을 썼다고 사람들이 밥집을 방문한다기보다는 밥집을 검색한 뒤 내 블로그를 우연히 발견한 사람들은 내 글을 보고 밥집을 갈 것이 분명했다. 마치 나는 맛집을 알리는 기자와 같은 역할이었다. 나는 나도 모르게 밥집 광고를 하는 중이었다. 그렇다고 제대로 해서 전문 맛집 블로거가 되고 싶은 것도 아니었다. 나는 내 블로그가 나에 대한 이야기를 하는 공간이길 희망했다.

블로그를 통해 나를 홍보하는 방법도, 남을 홍보하는 방법도 있었다. 내가 먹은 밥, 사용한 물건들은 아무리 정성껏 글을 적어도 결국은 상대를 알리는 수단이었던 것이다. 마치 배달의 민족에서 후기를 보고 밥집을 판단하지 신빙성 있는 후기를 적은 글쓴이를 찾아서 밥집을 가지 않는 것처럼 말이다. 내용이 문제가 아니었다. 사람들은 '이영자가 추천하는 맛집'을 신뢰하고 방문한다.

같은 내용도 내가 '브랜드'를 어떻게 확보하느냐에 따라서 달라진다. 나는 단지 해당 장소에서 식사를 한 고객이었다. 맛집 블로거는 나에게 꼭 맞는 옷이 아니었다. 블로그를 운영하다 보니 포스팅을 올려주면 2만 원에서 15만 원까지의 원고료를 지급하겠다는 연락도 받았다. 이렇게 하는 편이 돈도 빨리 벌 수 있는 방법이고 방문자 수도 늘릴 수 있는 방법이지만 결국 내가 추구하고자 하는 브랜드라고 할 수 없었다. 장기적으로 나를 알리기 위해서는 나만의 콘텐츠가 필요했다. 상대방이 나의 블로그를 통해서만 얻을 수 있는 어떤 차별점이 필요했다. 그리고 그것은 바로 나만의 브랜드를 구축하는 것이었다.

광고에도 단계가 있다

블로그를 운영하다 보니 이왕 하는 거 잘하고 싶었다. 블로그에 게시글을 열심히 올리다 보면 방문자 수 100명 정도는 금세 도달한다. 이쯤 되면 메일이나 쪽지를 통해서 체험단 문의가 온다. 상품을 대신 체험해 보고 글을 써달라는 글이 대부분이다. 이렇게 직간접적으로 광고를 경험하게 된다. 그러다 보면 의문이 생긴다. 왜 이 회사들은 자신이 대신 글을 올리지 않고 남에게 글을 올려달라고 부탁하는 것일까.

이는 소비자의 입장을 생각해 보면 알 수 있다. 점점 더 소비자 개인의 선택이 중요해지는 시대다. 미용실을 갈 때도, 헬스장을 결정할 때도 검색을 해보고 간다. 평점은 어떤지 시설은 어떤지 알아보고 가는 것이 비일비재하다. 배달 어플에서도 악플 하나 달리면 주문량이 급격하게 감소한다고 하니 돈을 써서라도 광고를 하는 심리가 이해가 간다.

하지만 왜 약국을 고를 때, 건강을 맡기는 약사를 선택할 때 거리 외에는 선택의 폭이 넓지 않은 걸까. 약국에서 광고를 진행하는 경우는 찾기 힘들다. 이는 약국 광고법과도 관계가 있다. 기존 규정에 따르면 약국은 특정 의약품 또는 특정질병 관련해 의약품을 전문적으로 취급하는 경우에도 이에 관한 광고와 표시가 불가했다.

보건복지부의 약국 광고 표시 제한 완화법에 따르면 다음과 같다. 이 규정은 2020년 12월부터는 약사법 시행규칙을 개정하여 약국에서 특정의약품 또는 특정 질병 관련 의약품의 전문적 취급에 대한 광고와 표시가 허용된다고 밝혔다. (의약분업 예외 지역 내 약국 등 제외) 보건복지부는 이에 따라 약국 표시와 광고 규제를 합리적으로 조정해 개설자의 영업수행의 자유를 확대하겠다고 밝혔다. 그 후 2021년 2월 현재 이에 대한 명확한 입장 발표는 찾을 수 없지만 2019년 10월 16일 보건복지부 약무정책과 정재

호 서기관은 다음과 같은 입장을 발표했다. 특정 의약품 광고는 약국에 포스터 등으로 광고를 부착하는 것을 뜻하고 특정 질병 표시란 '당뇨 전문약국' 표시는 아직 불가능하지만 "우리 약국은 모든 당뇨치료제를 보유하고 있습니다."라는 표시는 가능하다는 것을 의미한다. 시대적 흐름상 자신의 브랜드를 널리 알리는 것이 점차적으로 확대되고 있다는 것이다. 소비자의 입장에서 약국을 선택할 수 있는 권리를 보장하겠다는 시대적 흐름으로 보인다.

단순히 생각해 봐도 우리는 미용실, 헬스장을 고를 때에도 주변에 물어보고 어디가 좋을지 고심한다. 그런데 정작 건강에 직접 관련이 있는 약국을 선택할 때는 "그 약국 어때?" 하는 질문은 하지 않는 현실 속에서 의구심을 느꼈다. 하지만 이제는 서서히 변화할 것이라고 생각한다. 그리고 그에 대한 준비로 개별 브랜딩이 가장 적절하게 느껴졌다. 하지만 약사들은 광고, 마케팅에 대한 공부를 어디서도 한 적이 없었다. 광고에 대한 의미부터 명확히 짚고 넘어가야 했다. 광고에도 단계가 있기 때문이다.

광고는 크게 세 가지로 분류할 수 있다.

첫째는 광고비를 써야만 퍼지는 광고이다. 집 앞에서 나눠주는 전단지, 문자로 '광고' 표시를 달고 날아오는 광고들이 이에 해당한다고 볼 수 있다. 대부분의 소비자들은 이런 광고를 외면하거나 전단지를 바로 쓰레기통에 버리는 경우가 대부분이다. 진짜 딱 원하는 광고라면 효과가 있겠지만 미미하다고 봐야 한다. 공급자의 생각을 수직적으로 전달하는 광고가 이에 속한다.

두 번째는 공급자가 원하는 광고를 담기는 했는데 내용이 유익하거나 재미있는 경우를 말한다. 광고를 접한 고객들은 간혹 내용을 공유하거나 저장해 뒀다가 필요시에 꺼내보기도 한다. 이 광고에는 소비자에게 유익한 내용이 정리되어 담겨 있다. 하지만 아직까지 공급자의 철학까지 담겨 있지는 않다. 내가 블로그를 처음 시작했을 때 대부분의 약사 블로그는 잘못된 정보를 바로잡는 목적으로 운영되고 있었다. 유익한 정보를 전달하며, 간혹 소비자들은 해당 정보 포스팅 하단에 나온 약국에 방문한다.

가장 마지막으로 공급자는 홍보목적이 아닌 자신의 생각을 담은 콘텐츠를 생산한다. 고객이 가끔씩은 공급자에게 다음 콘텐츠를 요구하기도 한다. 둘 사이에는 신뢰와 관계가 구축된다. 고객은 같은 내용도 공급자가 전하는 내용을 선택하게 된다. 이 경우 고객은 자신에게 해당이 되지 않는 내용일지라도 공급자에 대한 애정이 생겨서 글을 읽거나 영상을 시청하기도 한다. 가장 효율적인 광고다.

나는 이 마지막이 브랜딩과 밀접한 관련이 있다고 생각했다. 나의 브랜드를 갖추고 이를 널리 알리는 수단으로 마지막 광고를 사용하기로 마음먹었다.

20대는 다시 오지 않는다

마지막 20대를 추억해 보니 그동안 한 번도 내가 좋아하는 일을 창조적으로 해본 적이 없었다. 정해진 교육과정에 맞춰서, 일정에 맞춰서 살아왔다. 새로운 일들을 창조적으로 해 나가는 사람들을 보며 맨땅에서부터 시작해 보고 싶었다. 나는 종종 삶을 다시 살아보고 싶단 생각을 했었다. 아무도 정답을 알려주지 않은 채 내가 하고 싶은 일들을 마음껏 하고 싶었다.

블로그를 처음 시작하면서 하고 싶은 것이 너무 많았다. 블로그는 내가 글을 작성하기 전 카테고리 세팅부터 디자인까지 온전히 내 마음대로 운영할 수 있었다. 내가 하고 싶은 대로 할 수 있는 순간이 20대 마지막에 찾아온 것이다. 이 기회를 놓친다면 더 이상 오지 않을 것만 같았다.

하고 싶은 일들을 아무리 정리해 봐도 도무지 줄어들지를 않았다. 나는 그 당시 화장품 브랜드를 런칭하고 싶었다. 약학 정보를 전달하는 파워블로거가 되고 싶었다. 맛있는 음식을 공짜로 먹는 맛집 블로거가 되고 싶었다. 무엇보다 이렇게 블로그를 하면 일상이 재밌어진다는 사실을 동료인 약사들에게 전하고 싶었다.

무엇을 가장 쉽고 효과적으로 빠르게 할 수 있을까 고민했다. 그렇게 나는 전자책『블로그로 오토약국 만들기』를 이틀 반 만에 완성했다. 전자책을 완성한 후에는 전자책의 예상 독자가 너무 좁았기에 애초에 팔릴 거란 기대는 하지 않았다. 하지만 나만 알기에는 너무 아까운 브랜딩이라는 것을 널리 알리고 싶었다. 내가 속한 약사 모임에 무료로 전자책을 제공했고 대신 후기 하나만 적어달라고 부탁했다. 50건의 후기를 받으면서 돈으로 살 수 없는 뿌듯함과 감사함을 느꼈다.

후기가 쌓인 상태에서 전자책이 데일리팜 기사에 살짝 소개가 되었다. 기사를 본 약사님들이 검색을 통해서 블로그로 전자책을 구매하고 싶다고 문의가 왔다. 한 번은 개인 이메일을 통해서 해당 책을 교보문고에서 찾을 수 없으니 구매 방법을 알려달라는 문의를 받았다. 한동안 자다 일어나도 전자책 문의가 오니까 기분이 너무 좋았다. 이렇게 발견한 콘텐츠 제작을 일회성에서 그치기엔 너무 아깝다는 생각이 들었다.

책을 출간하면 저자와의 만남과 같은 강연을 기획하지 않는가. 그때 줌 온라인 강연을 통해서 저자 직강 FAQ 강연을 열었다. '블로그로 오토약국 만들기'를 주제로 한 강연이었다. 감사하게도 전자책을 구매하신 분들 중에 네 분 정도가 강연을 신청했다. 더욱더 많은 사람들을 모으고 싶어서 그들이 관심을 가질 콘텐츠를 꾸준히 적었다. 그러면서 나는 주 고객인 약사들의 고민을 함께 고민했으며 그에 대한 답을 제공하려고 노력했다. 그 과정에서 나는 한층 더 성장할 수 있었다.

당시 메디버디 스타트업을 준비 중인 안준규 대표가 약대 단체 카톡방에 홍보를 해주겠다며 카드뉴스로 제작을 해보라고 제안했다. 그 이야기를 듣고 바로 카드뉴스를 제작했다. 카드뉴스를 본 학생 네 명이 강연을 신청했다. 지인 약사친구들에게도 첫 강연인데 들어보라며 연락했다. 강연 전날, 두 명의 전자책 신청자가 있었다. 그들에게 전자책을 구매하셨으니 강연을 무료로 제공해 준다고 제안했다. 그렇게 총 열세 명의 참가자를 모았다.

대망의 강연 날이 되었다. 나의 브랜딩 과정을 공유했고, 어떻게 블로그를 운영하면 좋은지 블로그 제목부터 주제를 이야기했다. 책의 내용을 간략히 설명하고, 전자책에서 다루지 않은 이야기에 대해서도 전달했다. 그리고 강연이 끝난 후 몇몇 이들로부터 "새로운 세상을 알아간다", "에너지를 얻어간다"는 감사한 평을 받았다. 수강생 중 일부는 즉시 블로그를 개설하기도 했다. 정확하게 내가 원하던 반응이었다.

좀 빨라진 LTE 인생

분명 나는 삼수생이었으며 약대생 시절, 학점도 좋지 못한 학생이었는데 어느 순간 선두에 있었다. 약사의 미래에 대한 방향성을 제시하는 막중한 책임을 맡고 있었다. 즐기다 보니 꾸준했고 꾸준하다 보니 응원을 받았다. 응원을 받고 나니 내 글이 누군가에게 도움이 된다는 생각에 사명감이 생겼다. 멈출 수 없었다. 계속해서 글을 써나갔다. 약사들의 공감과 응원의 댓글이 달렸다.

물론 모든 분들이 호의적인 것은 아니었다. 한 약사님은 "약사의 직능은 해석하거나 창조하는 일이 아닙니다."라며 걱정 반 애정 반의 댓글을 적어주셨다. 분명히 약사는 약에 대한 전문가이며 면허에 규정된 책임 역할이 필요하다. 하지만 4차 산업혁명이 진행됨에 따라 많은 직업이 대체되고 있는 흐름이다. 대체되는 직업 중 약사도 속해 있으며 면허에 따라 약을 책임지는 업 외의 쓰임을 찾아내야 한다고 말씀을 드렸다.

약사 직능 수호에 머물지 말고 우리는 앞으로 나아가야 한다. 약사 직능의 확대를 위해서는 약사의 개별브랜딩이 필요하다. 다양한 브랜드가 만나 약사 직능 자체가 새롭게 브랜딩되는 것을 추구한다고 말씀드렸다. 약사님께서는 나의 꾸준한 칼럼을 보면서 응원의 말씀을 아끼지 않았다. 진심은 통한다.

불교 설화에는 다음과 같은 이야기가 있다. 장님 세 명이 난생 처음 코끼리를 만나게 되었다. 한 명은 코끼리의 코를 열심히 만지며 코끼리라는 생물체는 뱀과 같이 길고 민첩한 생물이라고 말한다. 한 명은 코끼리의 다리를 만지며 기둥과 같은 생물이라고 말한다. 한 명은 코끼리의 몸통을 만지며 벽과 같이 단단한 생물이라고 이야기를 한다. 동일한 상황이나 사물을 접할 때 사람마다 해석방법이 다르다. 우리는 어떤 측면에서는 장님과 같다. 장님 수천 명이 코끼리를 만지고 이를 서로 공유한다면 이전에 코끼리의 본질은 확장된 약사의 직능일 것이다.(현재는 약사의 직능 중 다리만 만지며 이것이 약사란 무릇 이럴 것이다라고 말하듯이)

약사 개인의 역량과 관심분야는 모두 다르다. 『정재훈의 생각하는 식탁』을 쓴 저자 정재훈 약사는 학창 시절 요리에 관심이 많았고 단순히 관심에서 그치지 않았다. '섭식'이라는 키워드를 통해 약과 음식, 건강식품에 관한 연구를 진행했다. 그는 미식과 음식에 대한 칼럼과 강연을 통해 대중들과 소통하고 있는 푸드칼럼리스트 약사로 활동한다. '꼬기 약사의 제약 마케팅 영업' 블로그를 운영하시는 고기현 약사는 제약 산업, 제약 마케팅, 제약 영업 전반에 걸친 최신 동향을 분석하여 칼럼을 작성하신다. 이를 통해 '제약마케팅'이라는 키워드의 확고한 브랜드를 갖추고 있는 약사이다.

　보통 사람들은 자신의 취미를 먼저 결정한 뒤 이에 대한 전문성을 갖추고자 노력한다. 전문성을 증명하기 위해 높은 연봉, 고액 자산, 각종 자격증을 확보하려고 노력한다. 약사는 이미 전문성을 인정받았으니 이제는 그 전문성에 자신의 필살기인 브랜딩을 더하면 독창적이고 확고한 브랜드를 확보할 수 있는 것이다.

CHAPTER 2

하고 싶은 게 너무 많았던 '진심약사 현진의 드림캔버스'

전문가의 재정의가 필요합니다

가장 주목해야 할 점은 전문가라는 정의가 새로 규정된다는 것이다. 과거에 전문가는 좁은 의미로 사용됐다. 어떤 면허나 자격증을 가져야만 전문가로 인정했다. 하지만 요즘은 웃음전 문가, 브랜딩전문가, 마케팅전문가, 행복전문가, 미라클모닝 전 문가 등 각종 전문가가 등장했다. 도대체 전문가란 뭘까.

과거에는 스승과 제자라는 정의가 한 번 결정되면 변하는 일 이 없었다. 말로는 어린아이에게도 배울 점이 있다곤 하지만 실제로 어린아이를 스승으로 두는 사람은 흔치 않았다. 하지만 요즘은 세상이 달라졌다. 제자도 어떤 면에서는 스승에 비해 먼저 전문가로 인정을 받기도 한다.

'미스트롯2'라는 프로그램에서는 데뷔 18년 차 가수 버블시스터즈의 영지가 트로트라는 새로운 분야에 도전자로 나온다. 심판석에는 전 시즌의 우승자인 임영웅이 앉아있다. 그리고 놀랍게도 임영웅은 과거에 영지의 제자였다. 교수와 제자가 입장이 바뀐 채로 만나게 된 것이다. 영원한 스승과 제자란 없다. 심지어 같은 음악이라는 분야에서도 조금만 분야를 세분화해서 나누니 스승과 제자의 관계가 역전된 것이다. 따라서 우리는 '전문가'라는 개념을 재정의해야 할 필요가 있다.

피라미드가 있다고 해보자. 가장 아래에 있는 사람들에게 도움을 줄 수 있는 사람은 바로 윗 단계에 있는 사람이다. 학교에서 수업을 들을 때를 생각해 보자. 수업을 마친 후 교수님께 질문하는 친구들은 우등생이다. 나는 수업 내용을 잘 따라가지 못할 때 질문을 하지 못했는데 다 알아서 질문을 못 한 것이 아니었다. 오히려 이해도가 부족해서 질문할 수 없었다. 궁금한 분야가 너무도 기본적인 것들이라 어떤 것부터 질문해야 할지 막막했다. 그때 가장 도움이 된 것은 나보다 조금 더 잘 아는 친구의 조언이었다.

내게 알려준 친구는 그 분야에서 나보다 전문가였다. 과거에는 내가 친구에게 영어를 가르쳐주고 친구는 나에게 수학을 가르쳐주면 동일한 학생 사이에서 지식을 교류하곤 했다. 하지만 인터넷이 발전함에 따라 이런 일대일 관계가 전국단위 때로는 전 세계 단위로 확장되어서 내가 도움을 줄 수 있는 사람의 수 또한 기하급수적으로 늘어났다. 전문가의 의미를 이렇게 바꿔 본다면 어떨까? 주변에서 나에게 어떤 도움을 청한다면 그 분야는 상대보다 내가 전문가다.

나는 이미 많은 분야의 전문가였다. 일반인들에게 일반의약품에 대한 전문가, 글쓰기에 대한 전문가, 자기소개서 컨설턴트, 열정 전문가, 부지런함 전문가, 맛집 전문가, 심지어 친구들이 나에게 연애에 대한 고민도 하니 연애상담전문가(나는 솔로였다)였다.

심지어 전문분야는 잘하는 것일 필요도 없다. 내가 잘하고 싶은 분야가 있다면 그 분야의 전문가가 될 수 있다. 놀랍지 않은가. 좋아한다면 그 분야를 탐색하게 되고 그에 대해 탐구할 것이다. 알게 된 바를 나의 색채를 담아 전달한다면 나만의 콘텐츠가 된다. 해당 분야에 대한 글을 적거나 사진, 영상으로 표현해 보자. 곧 내가 도울 수 있는 사람이 생기고 전문가의 칭호를 얻게 된다. 나는 선택할 수 있는 전문분야도 많았고, 좋아하는 전문분야도 많았다. 블로그를 운영하다 보니 '열정과 밝음의 원천'이 궁금하다는 이야기가 들려왔다. 그때 깨달은 것이 비단 눈에 보이는 상품뿐 아니라 성격 자체도 브랜딩이 될 수 있다는 사실이었다. 꾸준히 계속하다 보면 모든 것이 가능했다.

또 다른 방법은 내가 불편함, 불쾌함을 느끼는 것에 대해 해결책을 제시해보는 것이다. 그 해결책이 꼭 정답이어야 할 필요는 없다. 단순히 내가 왜 불편함을 느끼는지 그 이유를 명확히 규정해보자. 그리고 그에 대한 나만의 답을 탐구하는 과정에서 해당분야의 나만의 시각을 가질 수 있다. 그리고 그 과정을 많은 사람들에게 알려보자. 사람들이 공감하고 응원을 한다면 곧 무언가를 이루어야겠다는 추진력이 생길테니까 말이다.

전문가가 되면 안 되는 이유

지금까지 글을 읽으며 전문가에 대한 정의를 바로잡았다면 이제는 현실을 이야기하려 한다. 당신은 하나의 분야의 전문가가 되어선 절대 안 된다. 빠르게 격변하는 세상 속에서 전문가는 성공할 수 없다. 이는 앞서 말한 피라미드와 연계해 볼 수 있다. 당신은 이미 상대적인 전문가의 위치를 차지했다. 그리고 그 전문성을 갈고 닦기 위하여 해당 분야를 깊게 판다면 피라미드의 상위 단계로 올라갈 수 있을 것이다. 그렇게 되면 어떤 결과가 발생할까. 결국은 직접적으로 맞닿게 되는 주 고객층이 좁아져버리는 아이러니한 결과가 발생하게 된다.

여기서 필요한 생존전략은 바로 또 다른 피라미드를 고안해내어 융합하는 것이다. 나의 경우에는 브랜딩해야 한다고 설파하는 수많은 연사가 있었다. 내가 그들과 동일한 전략을 취했다면 나의 브랜드는 머지않아 사라졌을지도 모르는 일이다.

나는 브랜드에 대한 나의 생각과 신념을 강화하는 동시에 사람의 마음을 움직일 수 있는 카피라이팅에 대한 공부를 지속해서 해나갔다. 또한 기회만 된다면 카메라 앞에서 어색하지 않게 말할 수 있도록 순발력을 갖춘 말하기 능력을 익혔다. 밝은 모습, 선한 영향력을 통해 대중에게 꿈을 찾겠노라며 이후 라이프 코칭에 대한 준비도 해나갔다. 이러한 일련의 피라미드들을 만들었고 이 모든 것들이 융합하여 새로운 브랜드, 대체될 수 없는 브랜드를 갖추도록 도와줬다.

따라서 이 글을 접한 당신은 자신이 전문성을 갖춘 여러 분야를 인식함과 동시에 어떻게 나만의 강점을 융합할 수 있을지에 대해서 지속적으로 탐구해 봐야 한다. 가장 좋은 방법은 다양한 장점들을 긴 연장선상에 놓고 결국에는 연결시키는 전략을 취하는 것이다.

꿀 같던 첫 협찬

블로그 일일 방문자 100명이 넘자 학교 근처 밥집에서 연락이 왔다. 5만 원을 지급할 테니 자유롭게 식사하고 리뷰 글을 써 달라고 했다. 옆 실험실 친구들과 식당에 가서 즐거운 시간을 보냈다. 미리 예약을 하고 가니 기다릴 필요도 없었다. 글을 작성해야 하기 때문에 궁금한 것을 물어보면 대답도 잘해줬다. 가보고 싶던 식당을 무료로 갈 수 있었다.

마치 유명인사가 된 것 같았다. 괜히 어깨도 으쓱했다. 곧 이어 미용실도 연락이 왔고, PT 체험권, 피부관리숍, 각종 밥집에서 연락이 왔다. 체험단을 통해 고액의 피부관리도 무료로 받을 수 있었다. 책도 서평을 쓴다는 조건으로 제공받을 수 있었다. 체험단을 모집하는 사이트도 발견해서 근사해 보이는 곳으로 신청한 결과, 거의 다 당첨이 되어 일주일에 5일을 체험단으로 공짜 식사 약속을 잡기도 했다.

행복한 나날이었다. 글을 써야 한다는 생각을 가지니 내가 즐기는 것들을 더욱 더 온전히 느끼고 생각을 글로써 표현하는 방법이 더욱 늘어갔다. 하지만 2주가 넘는 기간을 그렇게 보내다 보니 피로감이 증가했다. 내 브랜드가 나타내는 생각이 뒤로 묻히는 느낌이었다. 이 경험을 나의 브랜드를 위해 사용하는 법은 없을까.

체험단으로 식사를 하고 나면 제목에 특정 키워드를 넣어달라고 한다. 이후 사진은 적어도 10장 이상, 글자 수는 1000자 이상, 동영상도 첨부하면 좋고 업체에서 제공하는 키워드 네다섯 개를 본문에 적절히 반복하는 방식으로 체험단 가이드라인이 제공된다.

반복된 작업을 통해서 마케팅 업체들이 어떤 방식으로 광고를 진행하는지 경험할 수 있었다. 또한 이를 매력적으로 여긴 사람들에게 홍보하는 글은 어떤 구성을 취할 수 있을까 연구했다. 이제 다른 사람을 홍보하는 법은 익혔으니 이 에너지를 나 자신에게 투자해서 있는 힘껏 나를 홍보하고 알리기로 마음먹었다.

나의 능력을
100퍼센트 보여줘야 하는 중요한 이유

① 주저하지 말고 보여줘라

과거에 전문 분야, 전공 분야는 해당 분야의 사람끼리만 지식을 공유할 수 있었다. 고급 지식은 학교 전공수업에서만 배울 수 있었다. 혹은 논문을 찾고 해석해야 했다. 하지만 기술의 발달로 내가 원하는 수업을 언제 어디서든 준전문가 수준으로 학습하는 것이 가능해졌다. 오히려 '정보의 홍수'라는 말이 익숙한 만큼 이제 누구나 손쉽게 콘텐츠를 생산할 수 있는 시대다. 이 말인즉슨 곧 내게도 콘텐츠를 제작할 수 있는 가능성이 잠재되어 있다는 말이다. 이렇게 나의 콘텐츠를 서서히 공유하게 된다. 그런데 한편으로는 누구나 지식의 생산자가 될 수 있기 때문에 막연하게 내가 아는 것을 전부 공개한다는 것에 불안감을 느끼는 경우도 많다. 나만의 콘텐츠를 상대에게 도둑맞을까 봐 불안해한다. 혹은 어느 순간 상대에게 따라잡힐까 봐, 추월당할까 봐 걱정한다.

내가 콘텐츠를 무제한으로 생성하는 강연을 진행했을 때 사람들이 가장 많이 궁금해한 질문사항이었다. 다음의 이유들로 나는 무조건 아는 것을 전부 공개해야 한다고 생각한다.

해당 큐알코드를 스캔하면
'콘텐츠무제한 생성법 강연'으로 바로 이동한다

일단 내가 아는 것을 전부 공개하는 것 자체가 쉽지 않다. 아는 것이 많지 않은 초반에는 아는 것을 하나하나 적는 것이 가능하다. 하지만 어느 순간 알게 되는 모든 것이 유기적으로 결합

해서 새로운 것이 나온다.

성장곡선은 직선이 아니다. 성장곡선은 계단식이기 때문에 어느 순간 수직성장하게 되고 이를 다 알려주는 것은 불가능하다. 때문에 내가 나만의 지식을 알려준다고 해서 누군가에게 나의 노하우를 도둑맞는 것은 아니다. 나의 모든 성장을 꾸준히 다 따라오기란 쉽지 않다.

그리고 만약 나의 콘텐츠를 완벽하게 흡수하는 사람이 있다면 그것은 그 사람의 능력이다. 따라서 그것은 나의 능력이 아닌 그 사람 자체의 능력이므로 인정을 하는 것이 마음이 편하다. 만약 나의 자료를 도둑질해가는 사람이 있다면 그 자체에 너무 스트레스 받지 말자. 차라리 그 사람을 역으로 나의 브랜드를 홍보할 수 있는 수단으로 사용하는 방법이 있다. 예를 들면 전자책, 유익한 글귀 등을 담은 내가 제작한 사진이나 영상에 나의 브랜드를 홍보하는 문구를 담는 것이다. 이렇게 상생을 할 수 있는 방법을 생각하는 편이 현명하다.

② 무형문화재인 당신의 인생

이상한 단어가 있다. 바로 '경력단절'이라는 단어다. 당신은 오늘 아침 일어나서 지금까지만 하더라도 이전의 당신과는 다르게 성장했다. 당신의 오늘은 과거에 비해서 발전되었는데 그것을 당신은 아무렇지도 않게 넘겨버린다. 그리고 이는 당신의 놀라운 재능을 가려버린다.

정말 사소하게는 우리 집 앞에 있는 매장까지 가는 길이 어떻게 가느냐에 따라서 새로운 경로가 참 많다. 그 경로를 적을 수만 있다면 그것은 나의 콘텐츠요 새로운 경력이다. 이 책이 출간되어 그 출간까지의 방법을 만약 서술한다면 그것은 새로운 경력으로 사용될 수 있다.

내가 원한다면 '저자를 키우는 출판전문가'로서 노하우를 공유하고 수강클래스를 열어서 제자를 양성할 수도 있을 것이다. 노하우집을 만들어서 판매할 수도 있을 것이다. 이렇게 당신의 하루는 당신이 그 가치를 모를 뿐 엄청난 경력들로 점철되어 있다.

한동안 내가 학교를 다닐 즈음 이과생은 회사 다니다가 잘려서 치킨집을 하게 된다는 우스갯소리가 있었다. 이 말을 듣고 당시에는 어떻게든 회사에 붙어있는 방법이 없을까 고민했던 적이 있다. 하지만 지금의 나의 관점은 다른 곳에 있다.

회사를 다니며 얻었던 노하우를 전부 포기한 채 치킨집을 차리면 해당 지식은 계승되지 않는다. 결국 회사에 또 다른 신입이 뽑히게 되면 처음부터 시행착오를 하며 이전의 사원과 비슷한 전철을 밟게 된다. 이 얼마나 낭비적이란 말인가. 그리고 회사에서 노하우와 경력을 쌓은 사원은 다시 치킨집에서 새로운 경력을 쌓게 된다.

개인의 능력은 모두 훌륭한 무형문화재라고 생각한다. 무형문화재란 형태로 헤아릴 수 없는 기술과 가치를 의미한다. 나는 개인에게는 개인의 무형문화재가 있고 이를 어떻게 가꿔나갈지는 개인이 하기에 달렸다고 생각한다. 아무리 멋진 능력이라도 자신이 알리지 않으면 무용지물이다. 가치란 상대적인 개념이라서 나의 이야기가 누군가에겐 소중한 노하우가 될 수 있다.

전문가가 아니기에, 나보다 전문가가 있기에, 내가 뭐라고, 잘못된 게 있을까 봐. 수많은 이유로 사람들은 자신의 노하우를 나누기를 거부한다. 티끌만이라도 잘못되었을까 봐 걱정한다. 그에 해당하는 악플 혹은 비난을 견딜 수 없을 것 같다며 소극적인 태도를 보인다.

누군가 잘못된 것을 알려준다는 것은 감사한 일이다. 알려주는 것을 바탕으로 더욱 더 개인적인 발전을 이룰 수 있기 때문이다. 아무도 관심이 없을까 봐 두려운가. 아무도 관심이 없다면 더욱 더 열심히 알려보자. 손해 볼 것이 하나도 없는데 무작정 안 될 것 같다고 주저하는 태도는 바람직하지 못하다고 생각한다. 그러니 용기를 내서 당신의 소중한 지식과 경험을 나눠보는 것은 어떨까.

③ 베푼 만큼 되돌아온다

사람들은 무엇이든 받은 만큼 갚아야 한다는 마음을 가지고 있다. 이해를 위해서 우리 헬스장 근처의 커피숍 이야기를 하겠다.

헬스장 근처의 커피숍은 오전 8시 반부터 9시까지 방문객을 대상으로 무료 아메리카노를 제공한다. 나는 근처를 지나던 중 시간이 맞아서 두 번 정도 무료로 커피를 마셨다. 하지만 그때 무료로 커피를 받으면서 항상 트레이너의 커피를 함께 주문했다. 주변을 둘러보니 무료 커피를 제공받은 사람들은 꼭 자신 몫의 아메리카노를 하나 더 주문한 상태였다. 헬스 트레이너에게 공짜 커피를 제공하는 그 집을 아느냐고 물어봤더니 딱 한 번 가보고 다음에는 방문하기 좀 민망해서 다시 방문은 못 했다는 것이다.

이처럼 사람들은 호의를 제공받으면 마음에 이에 대한 보답을 해야겠다는 마음을 갖기 마련이다. 이 마음이 불편하기에 어떤 이는 호의를 받는 것 자체를 부담스러워하기도 한다.

설령 내가 아는 점을 전부 공개했고 그것을 모두 받아들인 사람이 있다면 그 사람이 적으로 변할 확률은 낮다. 내가 공개한 모든 것을 익힌 자는 나와 뜻이 같은 동료이며 상대는 나를 존중하게 된다. 만약 상대가 나를 통해 성장한다면 그는 이후 나에게 응당 감사함을 표하고 진정한 팬이 된다. 또한 확고한 1등이 아니라면 협력을 하는 것이 서로에게 더 현명하다. 협력하면 선발주자를 따라잡을 수도 있는 일이다.

④ 나누면 배가 되는 성장

마지막으로 아는 것을 전부 공개하면 스스로 성장할 가능성이 훨씬 늘어난다.

아는 것을 공개하고 나면 조바심이 난다. 또 다른 새로운 콘텐츠를 제공해야 할 것 같은 마음도 든다. 내 지식이 멈춰 있는 것이 아니라는 것을 증명하기 위해 더욱더 새로운 정보를 얻어야 한다는 생각에 몸이 근질근질해진다. 공개한 정보는 상대보다는 내가 더 잘 알아야 한다는 생각이 든다. 또한 스스로 글을 쓰고 강연을 하고 콘텐츠를 생산하면서 스스로에게 정리가 되기 마련이다. 더욱 더 성장하는 것이다.

꼭 잘하는 분야를 전문분야로 택하지 않아도 된다. 본인이 잘하고 싶은 분야를 전문분야로 정해도 알아가는 과정을 공개한다면 더욱 빠르게 해당 분야의 전문가가 된다. 잘하고 싶은 분야의 전문가로 자신을 소개해도 되는 이유가 여기에 있다.

나만 하더라도 마케팅을 학교에서 배운 적이 없다. 하지만 브랜딩을 해야 한다고 주장하니 마케팅을 공부해야겠다는 필요성이 생겼다. 브랜딩의 기본은 자신을 많은 이에게 알리는 것이기 때문이다. 마케팅은 더 많은 사람에게 내 말을 전달할 수 있는 무기였다. 마케팅을 공부하기 위해서 마케팅 도서를 30권도 넘게 닥치는 대로 읽었다.

마케팅을 공부하고 나니 설득법, 세일즈법에 대해 자연스럽게 관심이 생겼다. 마케팅이 법칙과 공식이라면 이를 실전에 적용하는 것이 세일즈, 설득법이기 때문이다. 약사들에게 마케팅, 세일즈를 전달하려다 보니 설득력이 짙은 어투가 필요했다. 장사와 상담은 다른 접근이 필요했기 때문이다.

알게 된 것을 글로 지속적으로 적다 보니 글을 잘 쓴다는 소리를 들었다. 그러다 보니 부업으로 자기소개서 첨삭도 진행하고 있다. 이 모든 것을 커뮤니티를 통해 모두에게 알려줘야겠다는 생각이 들었다. 이런 생각 끝에 결국 '약국브랜딩연구소'라는 커뮤니티를 설립했다.

커뮤니티를 만들고 나니 가입한 회원님들에게 더 좋은 양질의 콘텐츠를 제공하고 싶었다. 블로그를 운영하면서 제목 짓는 법에 관한 고민은 덜어줘야겠다고 생각했다. 그래서『클릭을 부르는 제목짓기』라는 전자책을 작성하여 무료로 배포했다.

그들이 관심을 가질 새로운 콘텐츠가 필요했고 그렇게 디자인을 학습하게 되었다. 디자인을 학습하니 좋은 점이 많아 이를 약국에 어떻게 적용할 수 있을까 고민하던 끝에 '약국 맞춤형 POP 제작 강연'을 열어서 많은 관심을 받았다. 해당 강연은 '데일리팜'에 소개된 적도 있다. 최근에는 디자인 공부를 하고 나니 나만의 홈페이지를 제작하고 싶어서 공부 중이다.

이것 외에도 다양한 것을 지속적으로 계획하고 학습하고 있다. 이 모든 과정이 내가 아는 것들을 공개하고 알리면서 스스로 확장해 나간 것이다. 아무도 나에게 이런 식으로 진행하라고 순서를 알려준 적이 없다. 그래서 최근에는 자신의 콘텐츠를 확장해 나가는 비법을 클래스톡을 통해 인터넷 강의로 촬영했다.

해당 큐알코드를 스캔하면
'클래스톡' 강의로 바로 이동한다

열정 하나면 돼

① 잘하는 일 VS 좋아하는 일

당신은 생각만 해도 가슴이 불타오르고 즐거운 일이 있는가. 어쩌면 많은 현대인들이 현실에 치여서 좋아하는 것을 잊은 채 삶을 하루하루 살아가고 있을지도 모른다. 어떤 사람들은 그런 이들에게 이렇게 말한다. 나 자신이 결핍을 느끼는 것을 채워보라고 말이다.

어쩌면 내게 결핍된 대상이 곧 내가 필요성을 느끼는 것이고, 이는 곧 내가 좋아하는 대상일지도 모르기 때문이다. 그 결핍을 채운 뒤 더 잘해보고 싶은 마음이 든다면, 또 제대로 해보고 싶다는 마음이 든다면 그것은 당신이 좋아하는 일이다. 만일 결핍을 채운 뒤 이제 충분하다고 느꼈는가? 그렇다면 그것만으로도 이미 결핍을 해소한 셈이니 그 또한 행운이라 할 수 있을 것이다.

많은 사람들은 잘하는 것을 찾는 것이 어렵다고 이야기한다. 그런 사람들은 자꾸 위만 바라본다. 자신은 잘하는 것이 없고 세상에 대단한 사람들이 너무 많다고 이야기한다. 사실 잘하는 것을 찾는 방법은 좋아하는 것을 찾는 것보다 훨씬 쉽다.

당신이 잘하는 것은 조언이라고 해 보자. 주변에서 당신에게 조언을 구해오기 때문에 당신은 당신 자신이 누군가에게 조언하는 일이 적성에 맞는다는 판단을 하게 된다. 어떤 사람이 당신에게 조언을 구해온다면 당신은 즉시 생각해 봐야 한다. 이 사람이 왜 나에게 조언을 구해오는 것인지 말이다. 어쩌면 상대에게는 내가 그 분야에 있어서 전문가로 보였는지도 모른다. 그렇다면 그것마저도 일종의 성과라고 할 수 있다.

상대가 나를 찾은 이유를 생각해 본 후 상대에게 어떤 도움을 주면 좋을지 생각해 보자. 그리고 진심을 다해 상대를 도와보

자. 상대가 나로 인해서 어떤 성과를 봤다면 어떤 것에 만족했는지, 아쉬웠다면 어떤 점이 아쉬웠는지 기록하여 보완하자. 이렇게 한다면 어느새 조금씩 성장할 수 있을 것이다.

잘하는 것과 좋아하는 것 중에 하나를 골라야 한다면 나는 좋아하는 것을 업으로 삼을 것이다. 성공하기 위해서는 돈을 좇으면 안 된다는 말이 있다. 하지만 어떻게 하면 돈을 추구하지 않을 수 있는지에 대한 이야기를 하는 사람은 거의 없다. 어떤 일이든 자신의 사업을 영위하는 일은 어느 정도 시간이 걸리기 마련이다. 좋아하는 일을 한다면 이에 들어가는 시간과 노력이 많이 들더라도 노동으로 느끼지 않을 수 있다.

이런 마음가짐은 어떨까. 본래 좋아하는 취미생활은 돈이 든다. 돈을 투자하여 운동을 하고 밥을 먹고 영화를 본다. 돈을 쓰는데도 행복한 일이다. 그런데 좋아하는 일을 하면서 돈까지 벌 수 있다면 이것으로 벌 수 있는 돈은 덤이다. 따라서 돈벌이와 같은 수입적인 면에 조금 더 초연해질 수 있다.

② 열정을 다하면 사람들에게 자연스레 알려진다

브랜드를 확립하는 일은 마치 잠수와도 같다. 살짝 아래로 내려갔다가 수면 위로 올라온다면 순간적으로는 버는 돈이 눈에 보인다. 하지만 깊은 수심 아래로 내려간다면 당장 눈에 띄는 소득은 보이지 않을 것이다. 대신 그로써 알게 모르게 사람들에게 인지도도 생기고 잠재고객의 마음이 열리고 있는 중인 것이다. 느리긴 하지만 앞으로 나아가고 있다. 세상에 의미 없는 일은 없다.

브랜드의 가장 좋은 점은 축적성이 있다는 점이다. 만약 내가 브랜딩을 하다가 지쳐서 어떤 것도 하지 않는다 해도 그 브랜드는 사라지는 것이 아니다. 그 자리에 머물러있을 뿐이다. 항상 기억하라. 물은 100도에서 끓는다는 것을.

나는 과거에 『호스트워커로 다시 태어나기』라는 전자책을 펴낸 적이 있다. 그 당시 성공한 사람들을 '호스트워커'라는 나만의 단어로 처음 정의한 것이 너무 기뻐서 널리 알리기 위해 전자책을 무료로 제공했다. 사람들은 전자책을 받기 위하여 내 글을 널리 공유해 주고 또 내용을 읽고 힘도 얻고 감사하게도 전자책에 대한 후기를 작성하여 내가 만든 개념을 널리 알려줬다. 그 당시에는 내 책을 전달하는 것이 책을 판매하는 것보다 중요했다.

나는 기본적으로 글을 다듬는 일을 좋아한다. 자기소개서 컨설팅을 진행할 때 무료로 첨삭을 진행했다. 내가 자기소개서 첨삭을 하는 것에 스트레스를 받고 누군가 시켜서 하는 일이었다면 절대 무료로 제공하지 않았을 것이다. 실제로 글도 다듬고 싶고 취업이 간절한 누군가에게 도움이 되고 싶은 마음이 모여서 무료 진행을 하게 된 것이다.

이렇게 진행한 첨삭은 결국 고객에게 감동으로 다가갔고 감사인사가 담긴 메일로 돌아왔다. 그동안 받은 감사의 글과 첨삭을 진행하는 나의 심정을 담은 진행후기가 모였다. 다른 사람들에게 내가 열과 성을 다해서 자기소개서를 고쳐주는 사람이라는 것을 전할 수 있었다. 후기가 쌓이자 이제는 내가 모집하지 않아도 저절로 자기소개서 문의가 온다.

기버(Giver)가 되자

① 어떤 콘텐츠를 택할 것인가

열정이 준비됐고 무료로 서비스를 제공해 보았다면 이제는 다음 단계를 생각해 보자. 이후에 내가 고객에게 어떤 서비스를 제공할 수 있을 것인가에 대한 생각을 해봐야 한다.

좋아하는 것도 계속 혼자서만 즐겨서는 정말 취미로 머물러버린다. 결국 이 기간이 오래되어 돈은 부족해지는데 취미를 지속한다는 것은 현실성도 없고 지속성도 없다. 중요한 것은 내가 좋아하는 것으로 어떻게 남들에게 도움을 줄 수 있는지Give 지속적으로 탐구하고 또 구체화시켜야 한다.

주는 것도 연습이다. 그리고 이 부분은 사회에 있어서 내가 어떤 식으로 기여를 할 것인가라는 숙명을 떠올려야 흔들리지 않고 나아갈 수 있다.

내가 가진 가치와 브랜드를 어떤 상품으로 구체화시킬지에 대해서 생각해 보자. 세상에는 다양한 상품이 있겠지만 나의 경우를 말해보겠다.

나는 전자책, 강의, 컨설팅을 판매한다. 전자책을 판매할 때에는 초반에는 게시글을 공유하는 조건으로 기간 한정 무료로 제공하는 이벤트를 하는 것이 좋다. 그리고 전자책 후반부에 후기 이벤트를 작성하자. 후기를 작성할 경우 특별한 혜택을 준다면 기꺼이 후기를 작성하는 사람들이 생겨난다. 그렇다면 그 후기를 스크랩하거나 후기를 담은 글을 작성하자.

후기를 부탁할 때에는 제목에 키워드를 넣어달라는 등의 간단한 가이드라인을 제공하자. 이 경우 다른 사람들이 전자책 제목을 검색했을 때 후기가 함께 노출된다면 더욱 더 전자책에 대한 기대감을 높일 수 있다.

전자책 내부에는 곳곳에 참고 링크로 내 게시물을 넣어두는 것이 좋다. 전자책을 통해 나라는 브랜드를 한 번 더 각인시키는 것이다.

전자책에 대한 공지글을 작성했다면 한 번으로 끝나선 안 된다. 지속적으로 잠재고객이 관심 있는 키워드로 글을 발행하자. 키워드는 네이버광고의 키워드광고 탭에서 내가 작성하는 주제와 관련이 있는 키워드 중 경쟁강도가 상대적으로 낮은 키워드로 잠재고객을 유입시키자. 전자책을 통해 인지도를 쌓았다면 이제는 강연을 준비해 보자.

② 강연 준비는 어떻게 할 것인가

강연 공지를 작성할 때 나는 다음과 같은 구성을 취했다.

가장 서두에는 나의 타깃 고객이 겪을 어려움에 대해 서술한다. 그 문제에 대한 나만의 답을 제시한다. 이후 내가 달성한 성과를 통해 신뢰감을 높인다. 성과에는 금전적인 성과, 자격증, 후기 등 나를 증명할 수 있는 어떠한 방법도 사용가능하다. 이 과정에서 나의 생각을 알릴 수 있는 칼럼을 곳곳에 삽입하면 더욱 효과적이다. 이후에는 구체적으로 어떤 사람에게 도움이 되고 어떤 사람에게는 도움이 되지 않는지를 명시하면 좋다. 가장 마지막에는 신청방법을 명시한다.

강연은 일단 공지를 하는 글을 적고 난 뒤가 중요하다. 전자책을 구매한 사람에게 이메일을 보내볼 수 있다. 전자책 내용에 만족했다면 흔쾌히 강연을 신청할 것이다. 강연의 제목은 직관적으로 감이 오도록 정하는 것이 좋다. 내가 진행한 강연 제목은 'N잡러의 콘텐츠 무제한 생성법', '소심이도 일타강사처럼 줌 강연 잘하는 법'과 '매출UP 약국 맞춤형 POP강연' 등이 있다. 최대한 직관적으로 제목만으로 어떤 것을 얻어갈 수 있는지를 드러내려고 노력했다.

강연 중에 전달하고자 하는 가치가 의미가 있다고 느껴지는 강연이라면 신문사에 보도기사를 요청하는 것도 공신력을 얻는 방법이다. 추가적으로는 클래스톡이라는 사이트에서 연락을 받아서 '진심약사 현진의 읽고 쓰는 퍼스널브랜딩'이라는 강의를 런칭했다. 본 강의는 책을 읽고 그 속에서 아이디어를 뽑아내어서 자신만의 글을 완성하는 강의다. 글을 쓰고 이후 어떻게 강연을 기획하고 모집하면 좋을지에 대한 내용을 담았다. 집에서 촬영하고 스스로 영상을 편집해서 업로드하면 되는 구조다.

자기소개서 컨설팅도 개인블로그에서 진행하고 있다. 이를 위해서 나는 카카오톡 채널을 개설했다. 카카오톡 채널을 통해서 조금 더 전문성을 확보하고자 했다. 카카오톡 채널 개설을 위해 미리캔버스에서 나만의 로고를 제작했다. 이후 자기소개서 작성 시 도움이 되는 글, 내가 실제로 면접에 가서 느낀 것들에 대한 글을 구성했다. 무료로 진행한 자기소개서 첨삭을 예시로 제공하며 내가 자기소개서 첨삭 시 중점으로 두는 가치에 대해 어필했다.

자기소개서 첨삭 시장은 레드오션이라서 내 전공인 약학을 활용한 제약 분야의 자소서 컨설팅으로 방향을 잡았다. 이후 컨설팅을 진행한 뒤에는 후기를 업데이트 하여 전문성을 높이고 있다.

성공도 엉덩이 싸움

① 약국브랜딩연구소

약국브랜딩연구소는 내가 개설한 네이버 카페로 6개월 만에 '약국브랜딩'이라는 개념을 확보하고 현재는 700명이 넘는 회원을 보유하고 있다. 감사하게도 대부분이 지인 추천을 통해서 가입한다. 가끔 가입인사에 '약사브랜딩'에 관심이 있어서 가입하게 되었다는 말을 보면 괜히 마음이 뭉클하다.

약국브랜딩연구소는 약사 개별의 브랜딩을 돕겠다는 취지로 운영 중이다. 우리 카페에 존재하는 콘텐츠는 대부분 내가 작성한 칼럼이다. 칼럼을 통해서 아이디어를 전달하고자 열심히 책을 읽고 글을 썼다. 내가 생산한 글이니 오로지 약국브랜딩연구소에서만 접할 수 있는 콘텐츠이다. 하지만 이 콘텐츠를 통해서 수익은 전혀 발생하고 있지 않다. 정말 내가 좋아하고 책임감을 느껴야지만 지속가능한 일이다.

그리고 이런 마음으로 운영하다 보니 감사하게도 부운영자인 '디렉터 아롱' 님을 만나게 되었다. 내가 아이디어를 통해 사업을 확장하면 디렉터 아롱 님은 꼼꼼하게 그 사업을 실체화하고 마무리해 나가는 형식이다. 우리는 함께 '약국 브랜드 블로그 운영전략' 강연을 성공리에 마쳤으며 이후에는 '오토약국 블로그 스터디(오블스)' 프로젝트를 운영 중이다.

해당 큐알코드를 스캔하면
'디렉터 아롱' 님과의 영상으로 바로 이동한다

성공을 하기 위해서, 그리고 브랜드를 확보하기 위해서는 일단 베푸는 과정이 필수적이다. 종종 우리 카페에서 아이디어를 얻거나 도움을 받아서 개별브랜딩을 확보하고자 하는 회원을 응원한다. 많은 회원이 개별브랜드를 확립하는 것이 바로 카페의 사명이기 때문이다.

이러한 고민에서 우리 카페는 매달 마지막 주 일요일 오후 8시에 '월간리딩팜'이라는 세미나를 열고 있다. 본 세미나에서 우리는 브랜딩을 확립한 연사를 초청하여 브랜드를 더욱더 알리고 회원들은 브랜드에 대한 노하우를 알아갈 수 있는 시간을 갖는다. 나는 성공적인 연사님들에게 강연의 방향성에 대해 안내드리고 강연 전반을 기획하며 홍보, 강연 진행 시 사회를 맡았다.

② 월간리딩팜

12월자 첫 월간리딩팜에서는 브랜딩을 시작하게 되어 까망약사로 활동 중인 정상원 약사와 메디버디 대표 안준규 님에게 '약사의 미래'라는 주제로 연사를 부탁드렸다.

당시 정상원 약사는 자신의 브랜드인 까망약사 캐릭터를 확보한 상태였고 '달잉'이라는 온라인 서비스로 '온라인 건강상담서비스'를 진행했다. 약사의 성장 과정에 대한 노하우를 전하는 시간을 기획했다. 또한 안준규 님은 의약품 배달서비스가 진행되면서 약사의 직능에 대한 고민으로 플랫폼을 준비 중이다. 이를 통해 약사들의 복약상담서비스가 비대면으로 확보되도록 돕는 방향이었다. 두 분의 회원님은 나머지 회원님께 좋은 동기부여를 줄 수 있을 것 같았다. 감사하게도 두 분 모두 흔쾌히 응해주셨고 세 명이서 월간리딩팜을 예행연습시간을 가졌다.

서로 피드백하며 강연을 보완했고 결전의 첫 월간리딩팜이 다가왔다. 신청한 회원님들은 활발히 질문하며 소통했다. 강연 이후 긍정적인 반응이 있었으며 이후 까망약사님은 개인 블로그를 통해서 강연을 열고 스터디를 모집하는 등 더욱더 적극적인 행보를 나섰다.

안준규 님은 런칭하는 서비스를 알리게 되었다. 1월자 월간리딩팜에는 다가오는 미래의 유전체 약료서비스에서 약사의 상담을 대비하고자 기획했다. 유전체 분석에 드는 비용이 획기적으로 낮아짐에 따라서 앞으로 약사들이 대비해야 하는 분야임에도 불구하고 이에 대한 교육을 약대에서 진행하고 있지 않았다. 이화여대 약대 시절부터 존경하는 교수님인 유전체약학전공의 정호철 교수님을 연사로 부탁드렸다. 교수님께서는 흔쾌히 응해주셨고 '유전체 약물치료 – 약사의 역할'을 주제로 강연을 진행했다. 감사하게도 해당 강연은 데일리팜, 약업신문에 소개가 되었다. 강연을 마친 후 다시 연사로 초청을 부탁한다는 요구도 많았다.

이뿐만 아니라 약국브랜딩연구소는 회원님들과 독서모임을 진행하며 책을 읽고 글을 쓴다. 회원 대부분이 개인 블로그를 운영하거나 운영 계획이 있으며 브랜드블로그 운영을 원하는 회원 상대로 블로그 운영방법에 대한 강연을 진행한다. 나는 약국브랜딩연구소가 개인 브랜드를 구축하며 성장해 나가는 회원들이 서로 돕고 소통하는 공간이길 희망한다.

③오토약국 블로그 스터디(오블스)

2021년 2월 19일 진행한 '브랜드 블로그 운영전략'은 많은 관심과 사랑을 받은 바 있다. 해당 강연은 약국브랜드연구소 오픈카톡 중 어느 회원님이 '약국 블로그 운영전략'에 대한 강연을 요청한 일을 계기로 시작하게 되었다. 약국브랜드연구소 회원을 대상으로 제공한 무료강연이다.

많은 관심을 받은 해당 강연을 마치고 회원님들을 대상으로 오토약국 블로그 스터디(오블스)를 운영하게 됐다.

스터디에서는 첫 주차에 나에 대해서 알아보는 시간을 가진다. 내가 좋아하는 것을 찾고 나의 주제에 대해 고민한다. 둘째 주차에는 논리적인 글쓰기를 어떻게 할 수 있는지 그 방법에 대해 학습한다. 셋째 주차에는 키워드를 분석하며 나에 대해 알아보는 시간을 가진다. 마지막 주차에는 나만의 콘텐츠를 외부에 알리는 시간을 가진다.

회원님들은 첫 주를 보내며 자신에 대해 탐구하고 또 그 과정에서 강점을 파악했다. 이를 통해 친목을 도모하며 서로의 관심사를 알게 되었다. 첫 주의 마지막 날에는 새로운 닉네임을 정하며 자신의 삶을 정의할 수 있었다.

둘째 주차에는 논리적인 글쓰기 구조를 통해서 나만의 글을 적어볼 수 있는 시간을 가졌다. 회원 약사님은 막막했던 글쓰기에 대한 불안감을 해소할 수 있었다는 평을 남겼다.

셋째 주차에는 키워드를 서칭하여 글을 적어보는 시간을 가졌다. 여러 키워드 분석도구를 통해서 직접 방문자 수를 늘릴 수 있는 방법을 설정해 봤다. 실제 이 과정을 통해서 상위노출에 성공한 회원 약사님은 '내가 적은 글이 상단에 노출되는' 신기한 경험을 했다고 말씀해 주셨다. 실제로 한 약사님은 오블스 중 네이버 '추천 탭'에 게시글이 노출되는 저력을 보여주셨다.

넷째 주차에는 내가 가진 포스팅의 방향성을 설정해서 콘텐츠의 생산자로서 거듭나게 되었다. 또한 회원약사님과 줌 미팅을 통해 실제로 얼굴도 보고 후기를 나누는 시간을 가졌다. 이 과정에서 급격하게 서로에 대한 친밀감이 올라갔다.

이렇게 성공적으로 오블스 1기가 마무리되었다. 회원님들은 오블스를 마친 후 지속적으로 소통하며 함께 성장하기를 약속했다. 이후에 오블스를 마친 회원님들의 조언에 따라서 오블스의 커리큘럼을 더욱더 세분화하고 이후에 나의 콘텐츠를 만드는 심화과정을 운영하는 방안을 모색하고 있다.

브랜드를 확보하여 성공한다는 말은 간단해 보이면서도 때론 뜻대로 풀리지 않아 답답한 경우도 많다. 그럴 땐 다음의 이야기를 생각해 보면 어떨까. 나에게 맞는 브랜드를 찾는다는 것은 어찌보면 확률싸움이다. 지금까지 빠른 성장을 하지 못했다고 초조해할 필요는 전혀 없다. 불현듯 시도한 어떤 콘셉트의 브랜드가 나와 정확히 맞아 떨어진다면 기하급수적으로 성공할 수 있기 때문이다.

꼭 해야만 할 것 같은데 도무지 엄두가 나지 않는 아이디어가 있는가. 그렇다면 과감히 그 아이디어를 놓아도 좋다. 그런데 막상 피할 수 없다고 느껴진다면? 지금까지 해보지 않은 새로운 접근을 시도해 보자. 그 과정에서 새로운 길이 열릴지도 모른다.

'브랜드'의 또 다른 이름은 '낙인'

'브랜드'란 단어의 어원은 고대 유럽에서 가축 소유주가 자신의 가축에 낙인을 찍어서 주인을 알리는 데서 비롯했다고 한다.

가축에 낙인이 찍혀지면 어떻겠는가. 지워지지 않는다. 이처럼 브랜드는 한 번 결정되면 그 내용을 변화시키기가 쉽지 않다. 가끔씩 자신의 콘셉트에 반하는 새로운 시도는 치명적이기까지 하다. 이에 대한 예시로 미국의 '카멜 담배'의 예시를 보자.

카멜은 1914년 출시되어 출시 이후 5년 만에 40%의 시장점유율을 보였다. 이 브랜드의 초기 타깃은 젊은 남성이었다. 곧이어 카멜은 젊은 여성을 추가적으로 공략하겠다는 시도로 브랜드 전략을 바꿨다. 이에 따라 1927년부터 지속적으로 광고에 담배를 피우는 여성을 등장시켰다. 그 이후 광고에 따라서 매출이 하락하는 참담한 결과를 맞이했다. 기존에 확보된 남성 고객까지도 놓쳐버린 것이다.

이처럼 잘 정립된 브랜드는 축적성이 있어서 그 인상이 강력해지고 점점 더 많은 고객을 끌어들일 수 있지만 한 번 정해진 브랜드가 일관성을 잃게 되면 브랜드 가치에 악영향을 미치기도 한다. 그 방향성이 정반대로 향하게 된다면 어쩌면 고객은 배신감까지도 느끼게 된다. 마치 상냥하고 친절한 이미지의 연예인이 갑자기 학교폭력 가해자였다는 사실이 밝혀진다면 사람들이 더욱 크게 실망하는 것과도 같다. 따라서 나에게 꼭 맞는 브랜드는 무엇일지 자신에 대해 탐색해 보는 과정을 꼭 가지라고 조언한다.

고민 말고 즉시 실행하라

어떤 사람들은 실행하기 전까지 많은 마음의 준비가 필요하다. 일단 저지르고 이후에 해결해 나가면 되는데 일단 이 다리가 튼튼할지 건너다가 미끄러진다면 그 이후에는 어떤 일이 벌어질지 상상하는 경우가 많다. 어떤 길을 간다면 가장 넘어지지 않고 안전한 길이 어디일지 계획을 세우는 것이다.

하지만 이렇게 계획을 세우는 것은 내게 하라고 지시된 업무를 처리하는 데에는 적합할지 모르지만 내가 스스로 삶을 개척해 나가는 방법으로는 적합하지 않다. 이유는 세상이 너무나 빨리 변하기 때문이다. 모든 경우의 수를 생각하고 안전하겠다고 파악한 뒤에는 모두가 그 시장에 뛰어들은 상태이며 곧 이어 또 다른 변수가 등장한다.

우리는 부피를 줄여야 한다. 일단 실행하며 반응을 파악하고 물살에 따라 방향을 이리저리 변형해야 한다. 모든 도전이 전부 성공할 수는 없다. 좌충우돌하면서 성공의 확률을 최적화시켜야 한다.

가장 쉽게 도전할 수 있는 것은 바로 글쓰기다. 글을 쓰는 데에는 돈이 들지 않는다. 글은 잘못 적어도 언제나 수정할 수 있다.

나는 글을 쓸 때 많은 고려를 하기보다는 내 안의 이야기를 하는 것에 집중한다. 그런데 어느 순간 내 생각에 공감하지 않는 사람이 생긴다면 어쩌나 하는 불안감이 급습한 적도 있다. 내가 하는 이야기에 반대하는 사람들은 '어떻게 해야 하나'라는 생각이 들면서 글을 검증하다 보니 결국은 어떤 글도 적을 수가 없는 것이었다.

이럴 때 블로그의 '임시저장' 버튼을 눌러서 이제껏 적은 글들을 임시로 저장해 두곤 했다. 임시저장을 해둔 글은 결코 세상에 나온 적이 없다. 특히나 약국브랜딩연구소의 규모가 700명의 회원을 가진 커뮤니티로 성장하며 내 글에 동의하지 않는다면 어쩌나 걱정한 적도 있었다. 이제는 상대를 100퍼센트 다 만족시킬 수는 없다는 사실을 겸허하게 받아들이기로 했다.

유명 기업의 제품도 심지어는 멋진 소설가의 글도 모든 사람을 만족시키지는 못한다. 나의 브랜드의 색채가 강하면 강할수록 나를 좋아하는 사람도 나를 싫어하는 사람도 생길 것이다. 이것이 두렵다면 파스텔톤의 글을 작성해야 하는데 그만큼 반대도 사라지겠지만 나만의 색도 사라진다. 나를 싫어하는 사람이 많아질수록 나를 열렬히 응원하는 사람도 많아진다. 그들을 바라보며 다시 달려가면 된다.

지치지 않고 달릴 수 있는 법

간혹 좋아하는 것을 발견했는데도 집중하지 못하고 중간에 포기해 버리는 경우가 있다. 가장 중요한 이유는 좋아하는 만큼 잘하고 싶은데 잘하지 못한다고 느껴서 자신감을 잃은 경우다. 혹은 하던 일이 익숙해져서 따분해진 것이다. 이를 슬럼프라고 한다. 슬럼프를 겪는 사람들은 동력을 잃고 서행하거나 혹은 멈추어버린다.

사람들에게 슬럼프 극복법에 대해 물어보면 가끔은 혼자 있거나 재미있는 영화를 보거나 잠을 잔다고 이야기한다. 하지만 이상하게도 나의 경우 쉴 때는 분명 회복한 것 같은 느낌이 들다가도 다시 일을 마주할 때면 이내 지쳐버리고 말았다. 이는 근본적인 해결을 하지 않았기에 나타나는 당연한 결과다. 이때 나는 다음의 해결책을 생각해 냈다. 하던 일이 뜻대로 풀리지 않을 때 새로운 딴짓을 찾아 떠나는 것이다. 나는 이제껏 생각은 해왔으나 도전하지 못했던 새로운 아이디어를 실행에 옮겼다.

슬럼프는 이런 관점에서 새로운 기회다. 슬럼프에 빠졌을 때 도전한 새로운 일이 성공한다면 슬기롭게 슬럼프에서 빠져나올 수 있다. 새로운 일도 생겼기에 나에게 새로운 자극으로 다가오기 때문이다. 새로운 일에 집중하다 보면 슬퍼하고 있을 시간이 없다. 만약 새로운 일에 도전했는데 잘 풀리지 않는다면 슬럼프 때문에 최선을 다할 수 없었다며 슬럼프 탓을 할 수 있다. 슬럼프 덕분에 새로운 시도를 해봤으니 그건 그것 나름대로의 수확이다.

나의 경우에 성공하거나 실패할 확률은 반반이었다. 블로그를 운영하다가 슬럼프가 와서 약국브랜딩연구소를 설립하게 되었다. 약국브랜딩연구소를 통해 나에게 새로운 기회와 도전이 생겼다. 한동안 카페를 다듬느라 온 힘을 쏟았다. 슬럼프 따위 생각할 여유가 없었다.

전자책『호스트워커로 다시 태어나기』또한 슬럼프 때 어떤 돌파구를 찾기 위해서 작성했다. 책을 배포하면서 슬럼프가 자연적으로 치유됐다.

또 한 번의 슬럼프에서는 이 김에 신문사에 칼럼을 연재하면 어떨까 싶어서 신문사에 콘택 메일을 보냈다. 결과적으로 칼럼 연재는 실패했다. 하지만 스스로 칼럼 연재야 원래 계획했던 것도 아니었으니까 하고 쉽게 털어낼 수 있었다. 오히려 원래의 내 일에 감사하며 슬럼프에서 벗어날 수 있었다. 따라서 나에게 슬럼프가 와도 사람들 눈에는 내가 끊임없이 뭔가를 도전하는 모습으로 보였을 것이다.

어떤가? 이제는 슬럼프는 새로운 도전을 시도하기 좋은 기간이라는 말에 공감하는가?

CHAPTER 3

사랑하는
나의 직업 약사

제 직업은 약사입니다

나는 대한민국의 약사다. 나는 약사라는 나의 직업을 사랑한다. 내가 나의 직업을 가장 좋아하는 이유는 약사가 보건의료에 기여하는 선한 직업이기 때문이다. 약사는 상대의 건강을 해할 수 없는 직업이다. 내 소득이 올라감과 동시에 상대는 건강해진다. 얼마나 매력적인가. 주변 사람들의 건강을 관리할 수 있다. 스스로의 건강도 신경을 쓰는 경우가 많다. 실제로 나는 약사들 중에 개인의 건강관리를 제대로 하지 못하는 사람을 본 적이 없다. 지속적으로 건강한 삶에 대해 고민하고 학습하다 보니 자연스럽게 건강해지는 것 같다는 합리적인 추론을 해본다.

사람의 건강을 직접적으로 지키는 약이 환자에게 도달하는 과정에 직간접적으로 기여한다. 하지만 약사라는 직업에 4차 산업혁명 속 밝은 미래가 기다리고 있지는 않았다. 오히려 사라질 직업에 종종 언급되기도 했다. 약사의 일부 직능이 간소화되고 사라지더라도 새로운 쓰임을 찾아 변화할 것이다. 나는 내 직업을 지키고 새로운 쓸모를 찾고 싶었다. 사랑하는 동료들에게 따뜻한 위로가 되고 싶었다. 우리 모두 생존할 수 있는 방법을 찾아야만 했다. 나는 방향성을 제시하는 사람이 되고 싶었다.

우리가 배운 교육

고등학교 시절 나는 교육과정을 탓하지 않았다. 당시에 내가 교육과정의 승리자도 아닌데 과정 탓, 세상 탓을 하는 투덜이가 되고 싶지 않았다. 그렇게 하면 내 마음은 조금 편할지 몰라도 높은 곳에 있는 사람들을 움직일 수 없다고 생각했다. 그러면서 다짐했다. 꼭 교육과정의 승리자가 되어서 그때 외면하지 않겠다고. 그때가 되면 소리를 높여서 무언가 잘못되었다고 문제제기를 할 수 있는 그런 어른이 되겠다고 생각했다. 물론 그때 당시에는 성적이 좋은 학생이 아니라서 불평하는 시간에 차라리 공부나 더 하자는 생각이었다. 지금 와서 이야기한다. 원하는 대학에 입학하기 위하여 삼수를 하고 전문직인 약대를 졸업해서 약사가 되었다. 이젠 과거의 나의 다짐에 응답할 때가 되었다. 교육부장관은 아니라서 아직도 조심스럽다만 지금이 아니면 평생 내가 문제제기를 할 수 없지 않을까. 단순히 교육과정을 마친 자의 의견이라고 보면 좋을 것 같다.

암기 위주의 교육은 사람을 고갈시킨다. 과거에 나는 기계와 같은 초인적인 암기력을 지닌 친구들이 너무 부러웠다. 그러면서 기도했다. 잠깐만 기계가 되게 해달라고. 친구들에게 비법을 물어보니 시험장에 들어가기 전에 소위 '눈에 바르고' 시험장에서 나오는 순간 다 쏟아내는 방법이 있다는 것이다. 그 방법은 아직도 습득하진 못했지만 단순히 생각해 봐도 요즘은 자료가 인터넷에 널려있다. 단순 암기가 필요하던 시절은 갔다. 그보다는 어떤 자료가 어떤 순간에 필요한지 해석하는 능력이 더욱 필요하다.

학교에 다니는 동안 나는 한계를 절감하는 순간들이 많았다. 방대한 학습량을 흡수하면서 나의 뇌는 한정되어 있다는 순간을 참 많이 느꼈다. 그 순간을 거치면서 나는 고민할 수밖에 없었다. 어떻게 해야만 뇌에 최대한 많은 내용을 집어넣을 수 있는지, 어떻게 하면 점수를 조금 더 잘 받을 수 있는지 말이다.

이렇다 보니 교수님의 수업내용보다는 시험에 뭐가 나오는지가 더 중요했다. 이 부분은 참고만 하라는 말이 나오면 가차 없이 피피티에 엑스표시를 진하게 쳤다. 가끔씩 수업내용보다도 교수님의 강조 멘트에 더 집중했다. 꾸벅 졸다가도 중요하다고 하면 뭐가 됐든 일단 별표부터 쳤다. 그러다 보니 내용을 유기적으로 학습할 수 없었다. 각 부분의 내용이 어떻게 연결되는지를 아는 것이 중요하다는 사실을 졸업 후에 깨달았다.

소모적인 경쟁부터가 잘못됐다. 대학 시절엔 한정된 시야를 갖고 주변 사람들만 보다 보니 졸업하기 전까지 모두가 나의 적이라고 생각했던 적도 있다. 상대평가로 인해 성적이 줄지어지다 보니 나만 아는 정보를 지키는 것이 중요하다고 생각했다. 정보를 서로 공유하고 성장하기보다는 친한 사이끼리만 고급 정보를 공유하거나 스스로만 알고 있는 식이었다. 하지만 졸업하고 나니 알게 됐다. 앞서 말했듯 내가 아는 것을 백 퍼센트 공개하는 것이 성장하는 길이었다. 잘 모르는 것도 알려주다 보면 오히려 더 잘 알 수 있다. 같은 정보도 어떻게 흡수하느냐가 정말 중요한 시대가 되었다. 아는 것을 숨긴다는 것은 결국 거기까지만 성장하겠다고 선포하는 것과도 같다.

졸업 후 다시 처음부터? 뭔가 이상한데

뭔가 이상하지 않은가. 대학교를 졸업하면서 모두가 이렇게 말한다. 결국 일하는 것은 별개라고. 결국 졸업하고 다시 공부를 처음부터 해야 한단 것이다. 무언가 단단히 잘못됐다. 우리는 실전경험을 얻기 위해서 기존 4년제 약대에서 2+4년제로 개편하고, 실습학기를 추가했다. 그런데도 변화가 없으면 무언가 잘못된 것이 아닌가? 요즘은 더군다나 어디서도 신입을 환영하지 않는다. 어떤 비슷한 실전경험 혹은 경력직을 원한다. 경력자만 원하면 신입은 대체 어쩌란 말이냐.

학교에서도 실전을 대비할 수 있다. 실제로 요즘은 자신이 아는 것을 활용해서 소규모로 프로젝트를 여는 것이 어렵지 않다. 그리고 그 모든 것이 나의 스펙으로 인정이 된다. 나의 이야기가 되는 것이다. 스스로 기획하고 활동했으니 훨씬 더 설득력이 있다. 단순히 남을 위한 아르바이트보다 훨씬 배우는 것도 많다. 또한 요즘은 그런 스토리를 좋아하는 추세다. 스스로 원하는 스펙을 만들 수 있다.

그렇다면 그에 대한 아이디어는 어디서 얻을 수 있을까? 나의 경우 1인 기업에 관심이 생겨서 그에 대한 책을 사서 봤다. 책을 그냥 읽고 끝내는 것이 아니라 읽고 내용 중에 마음에 드는 것은 형광펜을 거침없이 쳤다. 그중 몽실몽실 떠오르는 나만의 아이디어는 옆에 적어뒀다. 나만 간직하고 있는 것이 아니라 다른 이들에게 알려줘야겠다고 생각해서 개인 블로그에 아이디어를 구체화해서 공유했다. 또한 책을 읽다 보니 저자가 참고한 도서가 있어서 도서 중 마음에 드는 책을 다시 구입했다. 그렇게 몇 번을 반복하다 보니 해당 분야에서 공통적으로 말하고 있는 바가 머릿속에 차곡차곡 정리되기 시작했다.

아는 것, 적는 것까지 했으면 강연을 열어서 사람들에게 알려주면 된다. 요즘은 지식 서비스도 거래가 되는 세상이다. 정리를 하다가 전자책을 제작해서 판매할 수도 있다. 구매한 지식이 다시 돈으로 수확되는 과정이다. 지식의 소비자에서 생산자로 언제든 바꿀 수 있다.

내가 경험한 약국

나는 '약국브랜딩연구소'라는 네이버 카페를 운영하고 있다. 카페를 운영하면서 나는 약국의 미래, 마케팅, 세일즈에 관한 칼럼을 작성 중이다. 카페를 운영하며 가장 많이 들어온 이야기는 약국을 경영해 본 적도 없는 주제에 약국에 대한 이야기를 쓴다는 이야기였다. 하지만 이는 아직 필자에 대해 잘 모르고 하는 소리에 지나지 않는다. 이 말의 근거는 다음과 같다.

첫째, 하고 싶은 이야기는 모든 마케팅회사가 해당 직업은 아니라는 것이다. 병원 마케팅을 하는 회사의 운영자는 의사가 아니다. 한편으로는 약국 인테리어 업체 또한 약사가 운영하는 경우는 드물지 않은가. 오히려 나는 약사로서 약국의 현실을 가장 잘 이해할 수 있다고 생각한다.

둘째, 사실 나는 약사로 약국을 경험했다. 석사생활을 하며 주말에 소아과 처방이 주로 나오는 약국의 파트약사로 일했다. 솔직하게 말하자면 유쾌한 근무환경은 아니었다. 쏟아져 나오는 가루약처방을 쳐내기 위해 나는 조제실에서 꾸준히 알약을 믹서에 넣고 갈았다. 시럽이 나오면 시럽을 적당량 선에 맞춰서 따랐다. 병원 약국에서 나이트약사로 일을 하면서 주로 처방오류를 잡아내고 병동별로 약이 정확하게 전달되도록 조제와 검약을 했다.

약사의 중요한 직능 중 하나가 정확한 의약품을 환자에게 조제하여 주는 것이다. 하지만 다음의 사실을 아는가. 의료 사고의 상당수가 의료과실[1] 즉 인간의 실수에 의해 발생한다. 이런 사실을 조금만 더 생각해 본다면 약사의 조제 업무는 상당수 대

---

1 『연합뉴스』, '의료과실로 미국인 매년 25만 명 이상 사망한다', 2016.05.04

체가 될 것으로 보인다. 그렇다면 무엇을 대비할 것인가. 빠른 조제 실력이 약사의 유능함을 말해준다고 보기는 좀 어렵다.

강남에는 '롸버트치킨'이라는 치킨집이 있다. 이곳에서는 사람이 아닌 치킨 로봇이 치킨을 튀겨낸다. 이곳에 방문한 손님은 태블릿으로 로봇에 주문을 입력한다. 로봇은 사람보다 신속하고 정확하게 치킨을 튀겨낸다. 힘들다는 이야기도 없다. 관계자에 따르면 "치킨을 튀기는 일자리는 인간의 건강을 해친다. 치킨을 튀기는 일은 로봇에게 맡기고 인간은 전화응대, 서비스, 로봇관리의 일을 맡게 된다."고 한다. 인간이 그동안 행해온 단순 업무의 상당수는 로봇이 맡게 되는 것이다. 직업이 변화하게 될 것이며 이에 대해 대비를 해야 한다.

WHO는 2000년 다음과 같은 8가지 약사의 직능을 소개했다. 간병인, 의사 결정자, 의사소통자, 관리자, 평생학습자, 교사, 지도자, 연구원이 바로 그것이다.

조제업무를 주로 하는 나는 어떤 역할을 맡고 있는가. 내가 약국의 경험을 쌓으려고 했던 가장 큰 이유는 평생학습자로서 약국에서 공부하며 경력을 쌓고 싶었던 바가 크다. 하지만 학습을 위해 근무를 한다는 접근은 올바른 방향으로 느껴지지 않았다. 소통을 잘하는 약사가 되기 위해서는 어떤 공부를 해야 할까. 일단 전문지식을 쌓고 아는 바를 전달하는 법을 공부해야 한다. 나는 아는 것을 잘 전달하는 능력을 키우고 싶었고, 내가 알게 된 지식을 나 혼자 써먹는 것이 아니라 최대한 많은 사람들과 나누고 싶었다.

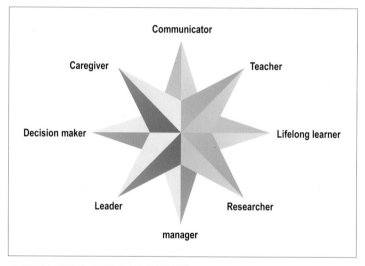

▲ 2000년 WHO가 발표한 8가지 약사의 직능

훌라후프 이야기

땅따먹기를 해본 적이 있는가. 땅따먹기 게임은 지정된 영역에서 영역을 표시하면 말 그대로 땅을 따먹는 게임이다. 당신에게 동그란 훌라후프가 주어졌다. 심판은 다음과 같은 말을 한다.

"해당 훌라후프를 가지고 돌아다니다가 당신이 원하는 땅을 발견했을 때 바닥에 훌라후프를 놓고 영역을 표시하라. 당신이 표시한 영역은 당신의 영토가 될 것이다."

이 말을 들은 당신은 어떻게 영토를 표시할 것인가. 혹시 다음 중 하나를 생각하고 있지는 않은가.

1. 훌라후프의 내부를 최대한 다듬는다. 훌라후프는 입체이니까 깎으면 두께가 좀 더 얇아지겠지.
2. 물리적 화학적 힘을 가해서 최대한 큰 훌라후프를 만들어본다.
3. 가장 비옥한 영토를 찾아 떠난다.
4. 영토는 포기하고 가장 생산적인 방법으로 영역을 가꿔본다.

이 중에서 답을 고민했다면 꼭 다음의 방법을 생각해 봐야 한다. 본 상황은 약사의 직능이 처한 상황과도 매우 유사하다. 훌라후프의 테두리가 약사의 면허가 명시하는 직능이라고 생각해보자. 많은 약사들은 이 동그라미가 줄어드는 모양을 보고 그 영역을 지키기 위해 애를 쓰고 있다.

많은 약사들이 약사의 직능을 고민하며 유능한 약사가 되기 위해 학회에 참가하고, 스터디에 가입하고 약학도서를 공부한다. 하지만 이러한 능력은 훌라후프 자체의 크기를 늘릴 수는 없는 방향이다. 훌라후프 내부의 영역을 비옥하게 가꾸는 방향이다. 그 속에서 더 나은 약사로 거듭나기 위해서 운영하는 약국의 이름으로 된 블로그를 개설해서 약에 대한 정보를 적어둔다. 단기적으로 해당 약을 검색하다가 블로그 하단의 약국 지도를 보고 약국에 방문할 수도 있겠지만 이는 약사의 직능의 관점에서 보자면 유익한 방향성은 아니다. 과거의 나도 유능한 약사가 되기 위하여 많은 건강도서를 구매했고 부족함을 느낄 때는 약사 국가고시 때 정리한 내용들을 펼쳐봤다. 약물치료학 책을 다시 펼치기도 해봤다. 하지만 정답을 찾은 것은 그 이후였다.

내가 생각한 해답은 다음과 같다. 땅 위에 훌라후프를 놓은 후 그 바깥의 영역을 색칠해나가는 것이다. 훌라후프가 국가가 제시한 약사의 직능이라면 내실을 다져가면서 확장형식으로 직능을 확대해 가는 것이다. 이를 통해서 약사직능을 외부에 알리고 개별브랜딩이 모여서 약사직능 확대가 이뤄진다는 강한 확신이 들었다.

약사의 직능의 측면에서 생각해 볼 때 화장품, 편의점 약 이슈, 영양사에 의한 맞춤영양제 추천서비스, 법의 허점을 이용해 약국에서 일반의약품을 판매하는 한약사 문제, 코로나상황으로 인한 처방약 배송이슈 등 약사가 설 곳이 좁아진다는 느낌은 나만 느낀 것이 아니었다. 이런 현실을 외면하기보다는 생존하기 위해서 내실을 다지며 동시에 자신의 개별 브랜드를 꼭 확보해야 한다. 약사에 국한된 이야기만은 아니다. 어떤 직업도 안

전하지 않다.

　다시 홀라후프로 돌아가서 아무리 내부의 색을 칠한다고 해도 홀라후프 내부만 온갖 색으로 물들어갈 뿐 홀라후프 크기 자체를 키우지는 못한다. 이 방향은 약사 직능 축소를 방어하는 방법이다. 나는 약사직능 수호가 아닌 약사직능 확대를 노려야 한다고 생각한다. 이전에 나는 신문사에서 근무하면서 "약사를 하지 마라"는 이야기를 들었다. 이유인즉슨 약사는 도전정신이 없는 직업이라는 것이다. 그 시절 어린 마음에 나는 어떤 수를 써서라도 나의 직업과 도전정신을 결부시켜 업으로 삼겠노라고 다짐했다.

　약사를 버리지 않아도 된다. 하지만 그 이전에 개인이 있다. 운동을 좋아하는 약사, 글쓰기를 좋아하는 약사, 부지런한 약사, 에너지를 주는 약사, 타인의 삶을 더 멋진 방향으로 이끄는 약사, 어려운 약학정보를 쉽게 이해시켜 주는 약사, 매력이 많은 약사, 멋진 화법을 소유한 약사, 운동을 잘하는 약사 등 개인에 약사라는 직업을 얹는 순간 약사는 정의되지 않는다. 그렇다. 나는 약사가 정의되지 않기를 희망한다. 단순히 법적으로 규정된 약사의 직능에서 한 걸음 더 나아가서 국민에게 다재다능한 약사의 이미지로 인식되길 기원한다.

　그리고 직접 브랜딩을 경험해 본 대한민국의 약사로서 브랜딩은 삶을 윤택하고 풍요롭게 가꿔준다. 또한 방향과 방법만 잘 선택한다면 단기간에 놀라운 속도로 성장해 나가는 자신을 발견하게 된다.

　나는 브랜딩을 연구하는 약사다. 종종 사람들은 나에게 약국을 직접 운영한 적도 없으면서 어째서 약국브랜딩에 대해 이야기를 하냐고 말을 한다. 나는 브랜딩을 공부하면서 나라는 존재를 대중에게 보다 잘 알리는 마케팅 방법에 자연스럽게 관심이 생겼다. 마케팅업체가 이야기하는 약국 브랜딩보다는 내가 마케팅을 공부한다면 더욱더 약사의 입장에서 약사의 자립을 돕는 방향으로 나아갈 수 있을 것 같았다.

　또한 약사 직능 확대를 위해서 나 혼자만의 개별 브랜딩을 한다면 소위 '약사답지 않은 약사'로 나만 독특한 약사로 브랜딩이 될 것이 분명했다. 나는 모든 약사들이 개인 브랜드를 확립하도록 돕는다. 약사들이 개별 브랜드를 확보하고 이 수가 많아짐에 따라서 약사 직능 자체가 새롭게 브랜딩될 수 있을 거라 기대한다. 약사들에게 새로운 방향성을 제시하기를 간절히 바라는 마음으로 네이버카페 '약국브랜딩연구소'를 설립했다.

브랜드를 확보한다는 것

『백종원의 장사이야기』에는 다음과 같은 일화가 나온다.

백종원의 제자가 칼국숫집을 차리려 한다. 그는 유명한 칼국숫집을 찾아 전국 곳곳을 돌아다니면서 성공의 비결을 수집한다. 어떤 집은 가격이 저렴했으며 어떤 집은 양이 많았고 어떤 집은 위치가 좋았다. 어떤 집은 맛있는 손만두를 제공했다. 이것을 배운 제자는 이 모든 장점을 전부 넣은 칼국숫집을 만들었고 결과는? 이내 망했다고 한다.

여기서 알 수 있는 것은 여러 장점을 합치면 결국 어떤 것도 장점이 될 수 없다는 것이다. 보통 다양한 것들을 다루면 다양한 분야가 모두 나의 것이 될 것이라고 착각하는 경우가 많다.

약사 한 명이 직능을 확대하겠다며 화장품, 한약, 일반의약품, 건기식을 모두 소개하는 것은 어떨까. 결국 그 약사의 전문분야에 대해서는 사람들은 의견이 분분할 것이다. 그렇기에 협력이 필요한 것이다.

개개인의 약사가 자신의 전문분야를 확보하고 이것이 모였을 때 직업의 다양성이 찾아온다. 가장 좋은 방법은 한 분야를 먼저 깊게 파보고 그에 대한 개념을 확보했을 때 또 다른 분야로 확장하는 것이다. 혹은 이 모든 것을 포괄하는 어떤 브랜드를 확보하는 것도 바람직하다. 내가 약사개별브랜드를 확보해서 약사직능의 브랜딩을 해야겠다고 느끼는 이유와도 동일하다.

먼저 브랜딩의 핵심 가치를 정한 뒤 그것을 구성하는 세부 목표를 정해보자. 세부 목표 중 자신의 우선순위를 따져보고 하나하나 정복해 나가면 된다.

중요한 것은 실행이다. 실행에 옮기기까지 단계가 있다. 나는 먼저 내가 되고 싶은 목표를 확실히 한다. 그리고 목표의 연장선에서 이룰 수 있는 부차적인 목표를 설정한 후 그에 도달하기 위한 방법들을 하나둘씩 구체화해 본다. 다음으로 구체화한 방법의 순서를 정한다. 가장 처음 도전해 볼 만한 것을 정하고 그 방법에 대한 기한을 적어서 달력에 기록해 둔다. 그러면 가장 우선순위에 있는 것부터 당장 실행하게 된다.

실행 도중 어떤 아이디어가 떠오르면 꼭 개인 카카오톡이나 다이어리에 기록을 하여 잊지 않도록 한다. 그렇게 하다 보면 마르지 않는 샘처럼 꾸준히 실행해야 할 항목들이 생기게 된다. 그런 식으로 하나하나 차례로 이루다 보면 어느새 한 단계 성장한 나의 모습을 볼 수 있을 것이다.

모교에서 첫 강연을 하다

약국브랜딩연구소를 운영하던 중에 지인 약사님을 통해서 '데일리팜'이라는 신문의 기자에게 내 이야기가 전해졌다. 기자님은 나와 인터뷰를 진행하길 희망했고 나 또한 '약사 브랜딩'이라는 개념을 널리 알리고 싶었다. 한 시간가량 인터뷰를 진행했다. 인터뷰 제목은 '코로나에 끄떡없는 약국이요? 정답은 브랜딩'[2]이었다.

인터뷰를 진행하는 중에 기자님께서 '난매 약국 블로그'를 언급했다. 약만 올라와 있는 난매 약국 블로그, 그것과 나의 약사 블로그 개념은 달랐다. 대화를 진행하는 내내 내가 생각하는 약사의 개별 브랜딩 개념을 듣고 기자님이 그 내용을 정말 잘 정리해 주셨다. 그 결과는? 기사에 많은 악플이 달렸지만 과거 신문사 인턴기자로 활약했던 나는 이 신호가 아주 긍정적으로 생각됐다. 가장 무서운 것은 무플(댓글이 달리지 않는 것)이라고 하지 않는가. 내 이야기는 사람들에게 어떠한 메시지로든 전달이 된 것이다. 따라서 사람들은 찬성과 반대의 의견을 제시한 것이다. 나는 이미 영향력과 독보성을 확보한 것이었다.

---

2. 『데일리팜』, '코로나에 끄떡없는 약국이요? 정답은 브랜딩', 2020.09.15

신문 인터뷰를 진행하고 곧 모교인 이화여자대학교의 학장이신 황은숙 교수님께 문자가 왔다. 교수님께서는 당시 퍼스널브랜딩에 관심이 많으셨는데 데일리팜 기사를 보다가 약사 브랜딩에 관심을 갖고 교수님 당신의 생각과 일치한다고 느꼈다고 한다. 그리고 본교 졸업생의 인터뷰를 발견하고 나에게 연락을 주신 것이다. 교수님과 미팅을 한 시간가량 하면서 교수님께 이화여자대학교 '진로세미나'의 연사로 초청받았다.

후배들에게 어떤 이야기를 해줄 수 있을까 고민하다 보니 브랜딩을 통해서 내 삶이 차별화되었고 비로소 앞서갈 수 있다는 생각이 들었다. 갑자기 닥친 코로나로 인해서 제약회사 인턴도 못 하고 수업이 전면 비대면 전환되면서 늘어난 잉여시간을 어떻게 활용해야 할지 고민하는 후배들에게 내 이야기를 전하고 싶었다. 따라서 떠오른 강연 제목이 '스펙을 뒤집는 브랜딩'이었다. 진정으로 브랜딩을 통해서 부족한 스펙을 뒤집을 수 있으며 나는 스스로 나의 경력을 쌓아가는 중이었다. 약대 학점이 3점이 채 넘지 않는 열등생이 정말 문자 그대로 스펙을 뒤집은 것이다. 그리고 강의는 200명이 넘는 동시 수강생의 그야말로 뜨거운 관심 속에서 진행됐다.

나의 학창시절을 떠올려보자면 나는 차별화되고 싶어서 동아리 5개에 가입했다. 동아리를 5개나 들었는데도 어디 가서 내

소개를 하라고 하면 할 말이 없었다. 방학 때마다 스펙을 쌓아서 제약회사에 들어가기 위해 인턴프로그램을 신청했다. 아르바이트도 기회가 될 때마다 했다. 그런데 정작 내 이야기를 하라고 하면 이상하게도 할 말이 많지 않았다. 이력서에 고작 1줄 추가하는 것이 전부였던 것이다. 친구에게 조언을 구해도 마찬가지였다. 다양한 활동을 통해 결국 이력서에 한 줄 추가한다는 대답만 돌아왔을 뿐이다.

되돌아가서 왜 사람들이 첫 직장으로 대기업을 선호하고 하다 못해 약대생들은 유명 제약회사인 '화이자', '다케다제약'의 인턴을 신청하는 것일까. 바로 확립된 브랜드를 통해 자신의 가치를 설명하려는 것이다. 하지만 이보다 더욱 더 효과적인 전략은 자신이 스스로 브랜드가 되는 것이다.

브랜드가 된다면 괜히 제약회사 인턴을 하기 위해 지원서를 내고 합격할지 탈락할지에 입안이 바싹바싹 타지 않아도 된다. 브랜드를 확보하면 내가 사람들을 찾아다니지 않아도 사람들이 내게 모여든다. 브랜드의 더 좋은 점은 축적성이 있기 때문에 열심히 활동할수록 나만의 콘텐츠가 쌓이고 가치가 점점 더 올라간다는 것이다. 성장하는 과정 자체가 경력이 된다. 어떤 브랜드나 회사에 속하지 않아도 불안하지 않다. 그동안 나의 브랜드를 성장시키면 되기 때문이다.

▲ 이화여자대학교 진로 세미나 '스펙을 뒤집는 브랜딩'

 어떤 사람은 그건 남의 이야기라고 생각할지도 모른다. 혹은 실력을 쌓기 위해 더욱 더 연마하고 나중에 생각해 보겠다고 한다. 물론 과거에는 브랜드가 되기 위해서 유명 연예인이 되거나 책을 쓰거나 시험에서 고득점을 하는 등의 방법밖에 없었다. 하지만 이제는 세상이 달라졌다. 브랜드가 된다는 것은 자신에 대한 온전한 이해를 한다는 것과도 같다. 심지어는 성장해 나가는 과정마저도 나의 브랜드가 될 수 있다. 성장하는 과정에서 느낀 점 또한 기록한다면 또 다른 나의 콘텐츠가 된다.

 돈이 드는 것도 아니다. 즉 쉽게 설명하면 성장해 나가면서 느끼는 점을 기록하며 콘텐츠를 쌓아나가고 성장한 뒤에는 해당 콘텐츠를 활용하면 된다. 정말로 남는 장사가 아닌가. 브랜드를 확보하다가 멈춘다고 해도 잃는 것은 아무것도 없다. 브랜드는 축적성이 있기 때문에 브랜드를 갖추는 일은 미리 할수록 좋다. 따라서 후배들에게 브랜드를 확보하라고 꼭 말을 해주고 싶었다.

약대생 시절 동기들끼리 자주 쓰던 용어 중엔 '어못약'이라는 단어가 있다. 어차피 성적이 아무리 못하다고 해도 약사이니 너무 기죽지 말라는 의미에서 서로를 위로하는 말이다.

맞다. 사실 꼴찌를 하나 일등을 하나 결국 국가고시에 합격하면 그때부터 모두가 약사다. 그 자체로 열등하거나 우수함에 따른 차별이 없다. 약사라는 보건의료인으로 국가에 의해 인정을 받았기 때문이다. 하지만 잠시 진정하자. 약사라는 브랜드를 훌훌 벗어던지고 나에게 질문을 던져보자. 꼭 약에 국한될 필요가 없다. 무엇이든 내가 좋아하는 것, 잘하는 것이면 된다. 심지어는 잘하고 싶은 것이어도 된다. 하나를 정했다면 그것을 나의 브랜드로 흡수하면 되는 일이다.

이것은 학부 시절의 나 자신에게 돌아간다면 해주고 싶은 말이기도 하다. 치열한 학점경쟁 속 드넓은 ECC(이화여자대학교 구조물) 한가운데에서 이건 안 될 것 같다며 눈물을 흘리던 나에게 건네주고 싶은 조언이다.

후배들에게 이런 이야기를 했다. 약사는 1인 기업과 성격이 유사하다. 세 가지 측면에서 동일하다. 전문성, 소통, 자동화가 그것이다.

CHAPTER 4

진심약사 현진의
약국 브랜딩

1인 기업으로서의 약사

① 전문성

1인 기업을 꾸려가기 위해선 자신의 철학을 가지고 전문성을 확보해야 한다. 약사는 그 자체로 전문가이다. 그렇다면 우리는 철학을 가지면 된다. 철학은 나의 전문 분야이다. 나에 대한 이해가 꼭 선행되어야 한다. 어떤 삶을 원하는지 꼭 심도 깊은 탐색을 해야 한다. 그렇다면 다음 질문을 보자.

"나는 어떤 삶을 원하나요?" 이 질문은 너무도 추상적이고 들었을 때 막막하다는 느낌이 든다. 갑자기 잠이 쏟아지고 내일쯤 다시 탐색해 봐야겠다는 생각이 든다. 그래서 쉽게 자신의 전문 분야를 알 수 있는 방법을 소개하겠다.

주변에서 나에게 조언을 구하는 것을 5가지 적어보자. 정말 사소한 것이라도 좋다. 연애 상담을 했어도 좋고, 소개팅을 부탁했어도 좋다. 학점 상담을 했을 수도 있다. 필기를 빌려달라고 했을지도 모른다. 화장품을 추천해 달라고 했을 수도 있다. 이러한 것들을 딱 다섯 개만 종이에 적어보자. 이것이 당신의 강점이다. 타인에 비해 당신이 잘하기 때문에 주변인들이 도움을 구한 것이다.

당신이 좋아하거나 어떤 삶을 살면 행복할 것 같은지를 탐구한다면 그것은 당신이 좋아하는 일이다. 어떤 롤모델을 보면서 나도 저렇게 살고 싶다는 생각이 들었다면 그것을 당신의 전문성을 갖춘 브랜드로 정해도 좋다. 아직도 긴가민가한 당신이라면 이건 어떨까. 영화인플루언서 블로그가 모두 영화평론가는 아니다. 그들은 영화를 좋아하는 일반인이다. 영화 좋아하는 약사 브랜딩을 한다면 영화 속 인물들에게 영양제를 권하는 콘텐츠도 가능하다. 그 콘텐츠에 매력을 느낀 사람들을 모아서 영화 속 약에 대한 클래스를 열어도 될 것이다.

요지는 자신의 브랜드를 정하고 콘텐츠를 지속적으로 발행하라. 특정 궤도에 오르고 나면 무엇이 되었든 돈은 따라오게 된다. 지치지 않고 그때까지 가는 것이 가장 중요하다.

② 소통

기계가 대체할 수 없는 부분이 바로 인간적인 소통이다. 소통을 통해 상호 간의 끈끈한 관계를 맺을 수 있다. 과거에는 대중이 유명 연예인에게 대화를 걸 수 있는 방법이 없었다면 이제는 다양한 SNS를 통해서 연예인과 대중이 직접 소통을 할 수 있다. 대기업은 대중과 끈끈한 소통이 불가능하다. 하지만 1인의 기업 그리고 약사는 대중과 소통이 직접 가능하다.

유명인 신문인터뷰, 텔레비전, 라디오 등은 저자의 말을 한 방향으로 들을 수밖에 없었다. 하지만 이제는 유명 연자를 온라인 줌 강연을 통해 만날 수 있으며 실시간으로 채팅을 하는 사회가 도래했다. 유명인의 블로그에 가서 댓글을 남겨도 소통할 수 있다. 특히 최근 이슈가 되고 있는 어플인 '클럽하우스club house'라는 어플을 통해 유명인과 실시간으로 음성대화를 나눌 수도 있다. 이런 현상은 코로나로 인해 비대면 만남이 권장됨에 따라서 더욱 강화될 전망이다.

특히 내가 경험해 본 바에 따르면 블로그는 글로 사람의 마음을 움직여야 하기에 매력적인 수단이었다. 진정으로 독자의 관점에서 생각하여 그들의 고민을 나의 일처럼 고민하는 것을 통해 나도 성장할 수 있었다. 그들의 아픔에 공감하고 어려움 속에서 나 혼자 해결책을 찾다 보니 많은 공감도 받을 수 있었다. 길게 적은 내 글에 공감하며 모든 포스팅을 다 읽고 댓글에 의견을 공유하는 이웃들에게 많은 동기부여를 받았다. 방향성에 고민이 들 때나 포기하고 싶을 때에는 따뜻한 댓글을 보며 나의 방향성에 대한 확신을 가지기도 했다.

③ 자동화

나는 '자동화 수익'이라는 단어가 참 매력적이라고 생각한다. 내가 노동으로 수익을 창출하지 않아도 저절로 수익이 발생한다면 얼마나 좋을까. 블로그에 글을 적고, 유튜브에 영상을 올리고, 나의 지식을 강의 형식으로 제작하는 것. 전자책을 작성해서 전달 버튼만 누르면 수많은 대중에게 판매가 되는 모든 것이 바로 자동화 수익이다.

『블로그로 오토약국 만들기』, 이 책은 내 개인 블로그에서 만원에 판매됐다. 이 책은 100부가 넘게 팔렸는데 전송 또한 메일을 통해 진행했다. 말 그대로 자다가 일어나면 전자책을 신청하는 댓글이 달려서 전달만 해주면 돈이 생겼다. 전자책 한 번의 제작으로 100번 이상의 수익을 창출한 것이다.

나는 강연을 하는 것이 즐겁다. 블로그를 통해서 무료 강연도 많이 진행했고 내가 아는 것들, 경험한 것들로 남을 이롭게 하는 것이 행복하다. 하지만 강의를 공지한 뒤 모객을 하는 것은 썩 즐거운 과정은 아니었다. 정말 알찬 내용으로 강의를 기획해도, 정말 유익한 핵심정보만을 담은 전자책을 만들어도 대중에게 판매되지 않는다면 그것처럼 진이 빠지는 일도 없다.

블로그를 운영한다고 생각해 보자. 아무 내용도 없는 블로그에 강연을 연다고 하면 무료라고 해도 모객하기 쉽지 않을 것이다. 이때 나의 생각을 알리는 글, 영상 등을 지속적으로 발행하여 나의 브랜드에 대한 신뢰도를 확보한다. 잘 작성해 둔 과거의 글을 업데이트하면 브랜딩 고민 댓글이 달렸고, 그에 대한 상담을 진행하기도 했다. 신뢰가 쌓인 고객은 나를 전문가로 인식하여 향후 나의 행보를 응원하며 심지어 지인에게 소개를 해주기도 한다. 1인 기업과 약사는 모두 전담 홍보팀이 따로 없기에 블로그 혹은 유튜브 등으로 나만의 사라지지 않는 콘텐츠를 확보해야 한다. 한 번 잘 작성한 글이 나만의 홍보팀이 되어준다.

블로그를 추천하는 이유

많은 사람들이 나에게 빠른 성장 비결을 질문한다. 그분들에게 나는 일단 개인 블로그를 꼭 개설하라고 말하는 편이다. 모든 성공한 사업가들은 공통적으로 개인 블로그를 가지고 있다. 글이 가진 힘이 위대하기 때문이다.

꿈을 가장 빨리 이룰 수 있는 방법은 그 꿈에 대해 최대한 많은 사람들에게 알리는 것이다. 꿈이 생기면 먼 훗날 그 꿈을 이루었을 나의 모습을 떠올린다. 그리고 이룰 수 있는 방법을 혼자 생각해 본다. 나만의 해결책을 블로그에 옮긴다. 글로 한 번 정리를 한 상태이기에 다른 이들과 대화할 때면 이를 비교적 체계적으로 말할 수 있다. 신기한 것은 이 과정을 거친 후에는 일이 조금 더 잘 풀린다는 점이다. 일이 뜻대로 진행되지 않을 때면 귀인이 나타나서 고민을 해결해 준다는 것이다. 마치 마법같이 말이다.

간혹 댓글을 통해 비판 혹은 질문이 나온다면 그에 대한 입장을 적은 글을 작성하면 된다. 만약 어떤 글에 대한 반응이 좋았다면 비슷한 글을 추가적으로 생성하면 된다. 실제로 나는 댓글을 통해 사람들이 나의 밝은 면과 꾸준한 면모를 좋아하는 것을 느꼈다.

이웃님의 댓글 중에는 "약사님은 브랜딩의 정석같이 느껴집니다."와 "자신의 콘텐츠를 잘 만드는 것 같아요."라는 댓글을 받았다. 이 댓글을 보고 단순히 감사하다고 넘기는 방법도 있을 것이다. 하지만 그것에서 그치지 않고 그 댓글을 보며 조금 더 고민했다. 그 결과 전자와 같은 댓글을 통해 브랜드를 확보하는 나만의 방법에 대한 글을 생산할 수 있었다. 방법을 정리하여 강연도 열었다. 또한 두 번째 댓글을 통해서 '콘텐츠 무제한 생성법'이라는 주제로 강연을 열었다.

이처럼 브랜드를 통해서 나의 상품에 대한 아이디어를 얻을 수 있었다. 신기한 것은 이 과정이 진행될수록 새로운 경험들이 쌓여 경력이 된다는 점이다. 이러한 경력은 곧 전문성이 된다.

블로그의 또 다른 묘미는 이웃이라는 시스템이다. 블로그 이웃이란 인터넷상에서 소통하는 인맥을 의미한다. 블로그를 운영하는 또 다른 사용자이다. 이를 통해서 나와 다른 삶을 사는 이들과 소통하며 견문도 넓힐 수 있고 평소라면 대화를 나눌 수 없는 사람들과도 끈끈한 인연을 맺을 수 있다.

나는 이웃을 신청할 때 최대한 블로그를 보고 어떤 점이 마음에 들었는지 정성스러운 메시지를 적는다. 나만 해도 단순히 기본글로 이웃신청을 하는 사람보다는 정성스런 편지를 건네는 분에게 마음이 동한다. 이웃을 맺은 뒤에 댓글을 남길 때에는 되도록이면 질문형 댓글을 남겨보자. 질문을 남기려다 보면 아무래도 글을 좀 더 집중해서 읽게 되고 질문을 받은 상대도 생각을 확장할 수 있게 된다. 또한 자신의 게시글에 관심을 가진 상대에 대해 호감이 올라간다.

잠재고객과 연을 맺는 또 다른 방법은 나의 블로그와 비슷한 색을 띄는 블로그에 가서 댓글과 공감(좋아요)창을 보는 것이다. 그곳에 호감을 표시한 사람이나 정성스러운 댓글을 남긴 사람의 경우 소통을 좋아하며 결이 비슷한 나의 블로그에 관심을 가질 확률이 크다. 매력적인 블로거를 만났다면 정성스러운 서로 이웃신청 메시지를 보내보자. 이렇게 새로운 관계가 시작된다.

브랜드 블로그 운영방법

브랜드 블로그를 운영하기 위하여 일단 자신의 닉네임을 정하는 것이 필요하다. 닉네임은 검색했을 때 별다른 것이 나오지 않는 것을 추천한다. 닉네임이 이미 확보된 브랜드명과 겹친다면 정성껏 작성한 글이 상단에 노출되기 힘들기 때문이다.

닉네임은 자신을 가장 잘 표현할 수 있는 명칭으로 추천한다. 나의 경우에는 본명인 '심현진'을 영문으로 했을 때 '현진심'이라서 닉네임을 '진심약사'로 정했다. 이 닉네임이란 것은 남이 부르기도 쉬워야 하며 자신이 듣기에도 좋아야 한다. 블로그 명칭은 닉네임을 포함하면서 블로그에서 다룰 이야기를 포함하는 명칭으로 정해보자.

이제 이름을 정했으면 해당 블로그에서 어떤 이야기를 다룰 것인지 자기소개글과 블로그를 소개하는 글을 적어보자. 이를 통해서 내가 어떤 관심사를 가지고 있는지 혹은 해당 분야에 관심을 가지게 된 계기를 사람들에게 알릴 수 있다. 많은 사람들이 자신의 이야기를 드러내길 꺼려한다. 좋아하는 것을 꾸준히 해도 질리지 않는 것으로 정하길 권장한다.

메뉴를 구성할 때에는 가장 먼저 내가 나중에 사업화와 수익화를 할 가능성이 있는 분야로 상단을 구성하길 바란다. 중간에는 사람들이 나라는 사람을 알 수 있는 이야기들로 구성을 해보자. 하단에는 사람들에게 정보를 줄 수 있는 글을 통해 블로그로 방문객을 유입시킨다. 이 방법을 통해서 방문자 수와 나의 이야기를 동시에 노릴 수 있다.

브랜드블로그를 운영하기 위한 팁을 나열하자면 다음과 같다.

첫째, 업데이트를 자주 하는 계정과 친분을 쌓아라. 자주 활동을 하는 계정의 경우 그만큼 블로그를 사용하는 시간 자체가 많다는 것이다. 그 사람과 적극적으로 소통하면 진정성 있는 댓글, 방문을 통해 블로그를 활성화시키기 쉽다.

둘째, 이벤트를 기획하고 확장시켜라. 쉽게 도전할 수 있는 프로젝트, 쉽게 신청할 수 있는 전자책, 온라인 강연 등으로 블로그에 이벤트를 기획하라. 또한 이벤트를 기획하고 나면 이후 이웃들의 후기를 공유하는 식으로 나의 활동을 남을 통해 알려라.

셋째, 문체에 힘을 빼라. 브랜드블로그는 정보를 제공하는 수직적인 방향보다는 친구에게 차근차근 일상생활 팁을 전달하는 식으로 이야기를 한다면 사람들은 더욱 친근함을 느끼고 마음을 열게 된다.

넷째, 벤치마킹하라. 닮고 싶은 블로그가 있다면 관리 노하우, 장단점을 분석하라. 그중에 내 계정에 적용할 수 있는 요소는 적용시켜본다. 잘된다며 배 아파하는 것보다는 잘되는 이유를 분석하고 흡수하는 것이 현명하다.

블로그로 오토약국 만들기

인공지능이 본격적으로 들어선다면 가장 먼저 어떤 변화가 나타날까. 가장 먼저 떠오른 생각은 반복적인 업무는 간소화되거나 대체될 것이라는 생각이었다. 기계는 더욱 더 정교해질 것이고 머지않아 인건비보다 저렴해질 것이다. 그리고 반복적인 업무가 직업의 일부분을 대체한다는 것은 해당 직업의 업무가 사라진다는 말이다. 그러니 새로운 쓸모를 찾지 않으면 직업의 위기가 올 것이다.

'나까진 괜찮겠지'라고 생각하며 외면하는 사람이 되고 싶지 않았다. 그러기 위해서는 기계가 대체할 수 없는 '인간다움'이 무엇인지 고민해야 한다. 어떻게 하면 '대체되지 않는 약사, 정의되지 않는 약사'가 될 수 있을까. 인공지능이 대체한다면 약사의 경우에는 복약상담에 집중할 수 있는 상황이 주어질 것이다. 갑자기 많은 시간이 주어진다면 그때 어떤 서비스를 제공할 것인가.

새로운 업무가 대체되기 전 어떻게 행동할 것인지 준비기간이 꼭 필요하다. 내가 찾은 새로운 쓸모는 바로 '약사 브랜딩'이었다. 그리고 자신의 생각을 정리하기 위한 가장 쉽고 효과적인 도구는 바로 블로그였다. 내가 블로그를 택한 이유는 세 가지다.

첫째, 글은 축적성이 있다. 글은 한 번 적어두면 사라지지 않는다. 반복적인 업무를 대체할 수 있다는 장점이 있다.

둘째, 글은 힘이 있다. 글을 통해 이루고 싶은 꿈을 적게 되면 이후에는 그 목표를 이룰 수 있는 방법이 떠오른다. 그리고 방법을 하나둘씩 삶에 적용하다 보면 원하는 삶을 살아갈 수 있다. 소리 내어 알린다면 주변에서 '그때 계획했던 일들은 어떻게 되었어?'라고 되묻는 소리가 들린다. 내가 알린 이야기에 대한 책임감이 생긴다.

셋째, 글을 통해 얻은 독자는 진정한 팬으로 남는다. 영상과 글의 차이점은 영상은 가만히 켜놓고만 있어도 자동으로 진행되지만 글은 스스로 읽지 않는다면 재생되지 않는다는 점이다. 따라서 내가 적은 글에 공감하고 소통하는 독자는 향후 내가 어떤 일을 할 때나 진정한 고객이 되어서 나를 응원해 준다. 나를 진정으로 응원하는 사람을 얻는 것은 참 멋지고 값진 일이다.

그렇다면 블로그는 어떻게 운영을 해야 하는가. 당시 대부분의 약사 블로그는 약에 대한 정보나 건강 정보를 다루고 있었다. 브랜딩을 생각한다면 꼭 약일 필요가 없다. 약사를 기본으로 두고 확장적으로 생각해야 한다. 다음은 내가 생각한 약사 블로그의 방향성이다.

① 라이프 코치
　- 엄마로서 아이 훈육법에 대한 인사이트를 가지고 있다.
　- 시간을 효율적으로 관리하는 노하우
　- 타인의 삶에 대한 방향성을 제시할 수 있다.

② 콘텐츠 접목
　- 운동광으로 근육통, 건강식단 노하우를 가지고 있다.
　- 약학정보, 건강정보를 알려줄 수 있다.
　- 당뇨병 환자를 많이 접해서 당뇨에 관한 식단, 운동, 관리법에 대해
　　소통한다.
　- 노인성 질환에 대해 관심이 있다.

③ 스토리텔링

　– 환자에게 상담을 한 일화를 알려줄 수 있다.

　– 약국 인테리어에 얽힌 일화를 적을 수 있다.

　– 약국에서의 일상을 대중에게 알려줄 수 있다.

　– 약의 유래에 대해 이야기할 수 있다.

④ 취미생활

　– 주식에 관심이 많아 주식을 알려줄 수 있다.

　– 암기법에 관한 노하우가 있다

　– 관심 있게 읽은 도서, 영화에 대한 이야기

　– 맛집 탐방 이야기

이렇게 나눠볼 수 있다.

　나는 약사 블로그를 운영한다면 다양한 약을 다루는 것을 추천하지 않는 편이다. 모든 것을 다 다루는 것보다는 테마를 정해서 우선적으로 한 테마의 글을 꾸준히 작성한 뒤 다음 테마로 넘어가는 것을 추천한다. 다양한 분야를 전부 다룬다면 문체의 통일감을 가지고 연재하는 것도 좋다. 모든 콘텐츠를 모아서 한 권의 책으로 묶는다고 생각하면 좋다.

　간혹 하고 싶은 모든 것을 다 다루려다가 어떤 특색도 나타낼 수 없는 공작새가 되어버리는 우를 범하는 경우가 있다. 한 분야의 전문가가 된다는 것을 다시 생각해보면 해당 분야 외의 것은 양보한다는 의미이기도 하기 때문이다. 그렇다고 약사이면서 혹여나 사람들이 다른 분야를 내가 잘 모른다고 생각하면 어쩌나라는 불안감을 가질 필요는 없다. 약사면허가 약사라는 것을 보장하고 이는 약에 대한 전반적인 이해를 갖췄다는 것을 의미하기 때문이다.

나는 과거에 포켓몬스터 닌텐도 게임을 즐겼던 적이 있다. 게임에서는 나만의 포켓몬을 키운다. 나는 '치코리타'라는 귀여운 캐릭터를 주로 키웠는데 이 캐릭터를 키워감에 따라서 능력치 레벨이 올라갔다. 레벨을 올리다 보니 캐릭터의 강력한 필살기인 '쏠라빔'이 생겼다. 이 캐릭터는 체력도 공격력도 강해져서 좀처럼 지는 일이 없었다. 모든 능력치가 강하기에 어떤 공격을 골라도 이겼지만 괜히 쏠라빔 앞에서는 자신감이 생기는 것이었다.

국가에서 인증한 자격증, 면허증은 나는 캐릭터가 가지는 레벨과 같은 것이라고 생각한다. 자격증을 가진다는 것은 기본적으로 해당 자질을 가졌음을 나타낸다. 나는 약사들이 블로그를 통해 갖출 수 있는 전문성이 바로 쏠라빔과 같다고 생각한다.

최근 블로그를 운영하시는 약사님들이 전문성을 나타내고자 '전문약사제도'에 관심을 가지는 것을 보았다. 이러한 과정은 기초 체력을 키우는 또 다른 레벨 업 과정이라고 생각한다. 이 제는 필살기를 습득해야 할 차례가 아닐까. 레벨 업 과정도 물론 필요하겠지만 우리에게 지금 필요한 필살기를 준비하며 레벨 업을 하는 것도 나쁘지 않다고 생각한다.

'노인전문약사' 브랜드를 원한다면 이렇게 해보자. 너무 많은 건강 콘텐츠를 다루기보다는 블로그에 노인성 질환에 대한 포스팅만을 중점적으로 다루는 것이다(두 달 정도만 하루에 하나의 글을 다뤄도 충분하다). 해당 질환을 설명하는 글을 적고, 추천하는 음식, 추천하는 운동법 등 타깃을 좁게 잡는 것이다. 분명 초반에는 글을 쉽게 적어내려 갈 것이다. 하지만 시간이 흐르면서 더 탐구해야 할 분야가 나타날 것이다. 그것에 대해 탐색하고 정리하며 얻게 된 지식을 적는 것이다. 그리고 해당 분야에 대한 생각을 칼럼형식으로 적는다. 관련 고객이 약국에 방문한다면 고객을 상담한 일화를 적어도 좋다. 나는 감히 이 방법이 병원에 들어가서 전문약사인증을 받는 것보다 빨리 인정받으며 성장하는 길이라고 제안한다.

어떤 약사님은 개인 블로그에 와파린에 관한 유익한 정보를 올렸다고 한다. 와파린의 적응증과 부작용에 대한 글을 적었고 이어서 와파린과 상호작용하는 약물, 식품에 대한 글을 적었다. 해당 글을 발견한 와파린을 복용하는 환자들은 약사님께 궁금한 점에 대해서 문의를 하게 되었다. 도움이 필요한 환자들을 돕고 싶은 약사님은 도움이 될 수 있는 칼럼도 지속적으로 업로드하고 이에 대한 관리를 어떻게 제공할 수 있을지 고민하고 계시다. 본 환자들에게 해당 약사님은 '와파린'에 대한 전문가로 인식되게 된다.

간혹 어떤 사람들은 한 분야의 전문가가 된다면 어떤 의미에서는 직능이 좁아지는 것이 아닐까 고민한다. 하지만 약사라는 직능 자체가 가진 전문성이 가미가 된다면 고객들은 와파린에 대한 전문가라면 응당 다른 분야에도 전문적일 것이라고 기대하기 마련이다.

전문성을 확보한다는 것은 허허벌판에 우물을 파는 과정과도 같다. 초반에 넓게 파헤치기보다는 좁고 깊게 파야 한다. 일단 한 길 우물을 파고나면 이후에 옆으로 파는 것은 훨씬 수월할 것이다. 즉 전문성을 갖추고 나면 그 전문성을 확대하는 과정은 순식간이다.

모든 콘텐츠에 약사를 가미한다면 직능의 다양성은 찾아온다. 쉽게 말해 어떤 분야든 좋아하는 분야를 꾸준히 하면 된다. 나는 내가 나아갈 방향을 탐구하다가 모든 것의 시작이 개별 브랜딩을 통해 가능하다는 결론을 내렸다.

약사가 블로그를 운영하면 좋은 점에 대하여 그리고 블로그 운영방법에 대한 노하우를 공유하고자 『블로그로 오토약국 만들기』라는 전자책을 출간했다. 해당 전자책을 지인인 약사 분들 50여 분께 무료로 나눠드렸고 정성가득한 후기를 받을 수 있었다. 곧 이 책은 약사 1위 신문 '데일리팜'에 소개되었다. 이후 메일로 책을 구매하고 싶다는 문의도 왔고 그야말로 자다가 일어나서 돈을 번다는 의미를 실감했다.

네이버 카페를 상점으로 활용하라

블로그는 나만의 영업사원이고 고객에게 나의 진짜 상품을 판매하는 상점은 바로 카페라고 생각한다. 이에 나의 주 타깃 고객에 대한 생각을 다듬었다. 나는 약사의 개별 브랜딩을 통해 약사 직능확대를 하고 싶었다. 블로그를 운영하다가 나 자신을 '약사'라는 이름에 걸맞게 조금 더 다듬었으며 '약국브랜딩'이라는 키워드를 만들었고 이 키워드에 관심이 있는 사람만을 확보하고 싶었다. 이에 나는 네이버 카페를 개설했다. 카페와 블로그는 비슷하면서도 달랐다.

카페의 가장 큰 특징은 폐쇄성이다. 일단 카페를 개설한 뒤에는 꼭 카페에서만 볼 수 있는 콘텐츠를 마련해야 한다. 블로그의 글을 공유하여 가져오더라도 나는 꼭 카페의 멤버만 볼 수 있도록 설정했다. 또한 블로그에 글을 작성하면서도 심화 내용은 카페에서 볼 수 있도록 구성한 글도 있다. 카페에서만 볼 수 있는 글도 작성했다.

블로그라는 영업사원을 활용해서 카페를 만든 취지를 홍보했고 이를 통해 카페로 유입시켰다. 카페에는 매니저만의 생각을 담은 칼럼을 올릴 수 있다. 본격적으로 회원을 모집하기 전 계급에 따라 볼 수 있는 글을 다르게 구성했다. 이를 통해 회원들이 활동하도록 유도했다.

카페의 좋은 점은 회원들끼리 유대관계를 형성할 수 있다는 점이다. 같은 관심사를 가진 회원들이 서로 소통하며 친해지는 과정을 보는 것은 운영자로서 흐뭇한 일이 아닐 수 없다. 나의 경우에는 카페에서 독서모임을 진행했는데 독서모임을 통해 구성원들이 소통하며 가까워질 수 있었다. 내가 활동하지 못하는 경우에도 서로 댓글을 달고 글을 작성하기 때문에 운영에 대한 부담이 조금 줄어들기도 한다.

우리 카페는 주기적으로 강연을 진행한다. 카페에 강연 공지를 올리면 상단 노출을 계속 시킬 수 있어서 신청자를 쉽게 모집할 수 있다. 카페에서 진행한 강연에 대한 후기를 유도하는 과정을 통해서 강연자의 브랜드를 홍보할 수도 있다. 카페와 강연자의 브랜드가 동시에 성장할 수 있으니 일거양득이다. 잘 운영하는 카페의 경우 카페에 배너광고도 진행하고 공동구매도 진행한다고 한다. 우리 카페에서는 아직 진행을 하고 있지 않지만 이후 배너광고를 달 수 있는 날을 기대한다.

인스타그램 활용 마케팅

카페를 홍보하는 데에도 별도의 채널이 있다면 홍보효과가 배가될 수 있다. 그렇기 때문에 카페 계정의 인스타그램을 따로 개설하길 추천한다. 인스타그램 계정에는 하나의 링크를 프로필 상단에 노출할 수 있어 약국브랜딩연구소를 소개하는 게시물을 상단에 걸었다.

일단 카페를 홍보하는 영상을 '비디오몬스터'라는 사이트를 통해서 알아보기 쉽게 제작했다. 이후에는 책에서 사람들이 관심 있을 건강정보와 마케팅 정보를 '미리캔버스'라는 사이트를 통해 알기 쉽게 요약하여 제작했다. 게시물 끝에는 더 많은 정보가 있는 약국브랜딩연구소에 가입하라는 문구를 꼭 넣었다.

어느 정도 게시물을 쌓은 후에는 나의 개인 계정에서 나를 팔로우하는 사람 중 내 카페의 주요 고객인 약사를 모두 팔로우했다. 대부분은 나의 지인이라서 모두 맞팔로우(나를 팔로우하는 것)를 해주었다. 이후에는 해시태그(#약사스타그램 #약사 #약국스타그램)가 달려 있거나 약사 가운을 입고 있는 사진에 모두 좋아요를 눌렀다. 인스타그램 알고리즘에 내가 약사에 관심이 있는 계정임을 알려주기 위해서였다.

초반에는 매일 게시글을 새로 제작해서 올렸다. 나중에는 약국브랜딩연구소에 내가 적은 칼럼을 캡처하여 올린 뒤 뒤의 내용이 궁금하도록 가림 처리를 했다. 그 게시글을 보고 많은 사람들이 가입했다. 강의를 진행한 뒤에는 강의 후기도 뒤에 함께 첨부했다. 이후에는 약국브랜딩연구소의 소식에 대한 포스팅을 올려도 사람들은 좋아요를 눌러주었고 더 이상 내가 먼저 팔로우를 하지 않아도 나를 팔로우하는 계정은 자동으로 늘어갔다.

인스타그램을 활용하면 내가 카페에서 진행하는 강연을 홍보하기 쉽다. 강연에 대한 안내를 읽고 관심이 있는 사람들은 인스타그램 프로필링크를 통해서 카페에 가입하게 된다. 카페 게시글 하나로 인스타그램 게시글까지 동시에 업로드할 수 있으니 편리하다. 인스타그램은 글을 많이 작성하지 않아도 되기 때문에 업로드에 시간이 많이 걸리지 않는다. 카페 회원을 모으길 희망한다면 인스타그램을 홍보수단으로 활용하길 추천한다.

유튜브를 또 하나의 채널로 활용하라

나는 유튜브 '진심의 최면브랜딩'이라는 채널을 운영 중이다.

과거에 헬스경향 신문사에서 활동하며 스튜디오 촬영을 한 적이 있다. 당시에는 넓은 스튜디오에서 촬영을 한다는 부담감에 머리는 새하얘지고 갑자기 생긴 카메라 울렁증 때문에 고생했다. 결국 그때 촬영한 영상은 세상의 빛을 보지 못하고 전량 폐기됐다.

그때의 쓰라린 아픔을 딛고 유튜브를 시작하는 것은 나에겐 큰 도전이었다. 하지만 유튜브를 통해서 더욱더 많은 잠재 고객과 소통할 수 있을 것 같았다. 일단 될 대로 되라는 마음으로 시작했다. 그때 내공이 생겼기 때문일까. 내가 우려했던 것보다는 촬영이 수월하게 진행되었다.

초반에는 유튜브를 위한 콘텐츠를 제작했다. 가장 먼저 내 채널을 소개하는 영상을 촬영했다. 이후에는 블로그에 썼던 내용을 유튜브 원고로 다시 변형하여 카메라 앞에서 영상으로 전달했다. 처음에는 대본을 전부 암기해야 한다는 부담감이 있었다. 첫 촬영은 10분 영상을 촬영하는데 1시간이 넘게 걸리기 일쑤였다. 중간에 버벅거리면 다시 처음부터 촬영을 하니까 시간이 오래 걸릴 수밖에 없었다. 하지만 이후 대본을 나누어서 일부만 외우고 영상을 합치는 방법으로 촬영하니 한결 수월했다.

초반에는 원고 그대로 암기하다가 나중에는 내용의 키워드만 암기해서 자연스럽게 전달하는 방식으로 진행했다. 나는 초반에는 파이널컷이라는 맥북용 전문 편집프로그램을 사용했다. 그런데 편집을 최소한으로 한다고 해도 너무 서툴고 오래 걸렸다. 최소한 버벅거리는 것만 줄이자는 마음으로 반복하는 말들을 삭제했다. 촬영한 내 모습을 보는 것이 초반에는 곤욕이었다. 차차 촬영을 반복하다 보니 나의 문제점을 파악했고 이후에는 반복하는 말도 의도적으로 촬영 때 줄이게 되었다.
요즘에는 '블로vllo'라는 아이폰 어플을 사용해서 편집을 진행하고 있다. 파이널컷보다 훨씬 시간도 절약할 수 있었고 원하는 기능을 넣기가 훨씬 수월했다. 자막은 '브루Vrew'라는 무료 자막 프로그램을 사용하고 있다. 유튜브도 촬영하고 주기적으로 강연도 진행하다 보니 이제는 카메라 울렁증이 완전히 사라진 상태다.

블로그를 통해 진행한 무료강연을 썩히기 아까워서 유튜브에 업로드했다. 블로그에 시간이 맞지 않은 경우 유튜브를 통해 볼 수 있으니 블로그 이웃들도 감사의 말을 전했고 나 또한 한 번의

▲ 필자의 유튜브 채널, '진심의 최면브랜딩' 썸네일

촬영으로 추가적인 효과를 볼 수 있어서 기뻤다.

유튜브와 블로그를 통한 줌 강연 덕에 발표실력은 나날이 늘어갔다. 유튜브도 블로그와 같이 축적성이 있어서 구독자와 재생 수가 지속적으로 늘어가니 일단 어색하고 두렵더라도 시작해 보는 것을 추천한다.

해당 큐알코드를 스캔하면
유튜브 채널 '진심의 최면브랜딩' 영상으로 바로 이동한다

콘텐츠 무제한 생성법

나는 콘텐츠를 구성할 때 책에서 아이디어를 많이 얻는 편이다. 원하는 분야의 책을 구매한 뒤에 책에 있는 아이디어 중 삶에서 일어나는 비슷한 일을 떠올린 후 적어둔다. 나의 삶이 아니라도 비슷한 예시, 떠오르는 비유를 전부 적는다. 이는 이후 나만의 글을 적을 때 큰 힘이 된다. 같은 내용도 나만의 언어로 재해석하는 힘을 키워준다.

간혹 독서를 한다고 하면 책을 읽는 행위에 집중을 하다 보니 책을 한 권 뚝딱 끝내고 덮어야 직성이 풀리는 사람들이 있다. 하지만 새로운 내용을 접할 때 사람들은 머리가 번뜩인다. 그 순간에 드는 감정을 나중에 다시 기록하려고 하면 여간 어려운 것이 아니다. 그 순간을 놓친다면 이를 학습하기 위해 새로운 자극을 주어야 한다.

처음 알게 되었을 때 느낀 노하우를 기록하기란 쉽지 않다. 예를 들어 이미 자전거를 잘 타는 사람에게 자전거를 타는 방법을 설명해 달라고 하면 초보자들이 놓치기 쉬운 어려움들을 파악하기란 쉽지 않을 것이다. 하지만 자신이 자전거 타는 방법을 갓 익힌 사람이라면 초보자들이 하기 쉬운 실수에 더욱 많이 공감하고 효과적으로 소통할 수 있다.

책에서 떠오른 아이디어를 통해서 나만의 콘텐츠를 구성할 때 책의 내용은 비로소 내 것이 된다. 그 책 내용마저 가물가물 해진다면 그때 적은 아이디어를 보면서 스스로 자극받을 수도 있다. 김춘수의 '꽃'이란 시에서도 이런 구절이 나오지 않는가. '내가 그의 이름을 불러주었을 때 그는 나에게로 와서 꽃이 되었 다.' 이런 아이디어와 내가 재해석한 콘텐츠들이 차곡차곡 쌓여 서 나라는 브랜드의 든든한 밑바탕이 되어준다.

사람들은 내게 콘텐츠를 끊임없이 지속적으로 생각해 내는 기획력을 갖추는 방법을 물어온다. 나는 일단 목표를 정한 뒤 이를 해낼 수 있는 방법을 생각한다. 그 방법을 찾기 어렵다면 주변 사람들에게 고민을 이야기하고 다니는 편이다. 그 후 책이 든 강의든 어떤 서비스를 발견하면 비용을 지불한다.

어떤 사람들은 "책과 강의를 구매하는 것에 돈을 아끼지 않는 다."고 말한다. 나는 이에 동의하지 않는 편이다. 학창시절 구 매만 한 뒤 펴보지 않은 전공도서를 바라보면 마음이 숙연해진 다. 단순히 돈만 쓰는 것은 성장에 어떤 도움도 되지 않는다. 절 대로 돈을 허투루 사용하지 않기를 조언한다. 비용을 지불한 뒤 꼭 명심하자. 지불한 돈만큼 꼭 실용적으로 나의 삶에 적용하고 사용하겠다고 결심하자. 이후에는 계획한 대로 행동하면 된다.

사람의 성향에 따라서 문제를 해결하는 방법은 천차만별이다. 나와 같은 경우는 주변 사람들과 소통하면서 새로운 아이디어를 브레인스토밍하는 것을 선호한다. 어떤 이는 책이나 연구 결과를 통해 지식을 얻으며 어떤 이는 가만히 앉아서 혼자 기발한 아이디어를 떠올리기 위하여 노력한다. 어떤 사람들은 고민할 시간에 일단 뭐라도 실행해 보자는 생각으로 일단 눈에 보이는 것부터 시작한다. 상황에 따라서 복합적으로 문제를 해결할 수도 있으며 자신이 선호하는 방법을 통해 문제를 해결하면 되는 것이다.

나는 글을 쓸 때 상대적으로 시간이 오래 걸리지 않는 편이다. 그 노하우를 공개하자면 나는 글을 쓸 때 스스로와 대화를 하면서 적는다.

좋은 글이란 바로 독자로 하여금 첫 문장을 읽고 나면 그다음 문장이 궁금해지고, 그다음 문장을 읽고 나면 그 이후가 지속적으로 궁금해지게 하는 글이라고 한다. 나는 글을 적으면서 나에게 궁금한 점을 지속적으로 질문하고 그에 대한 답변을 적어 내린다. 그 답변으로 인해서 또 다시 궁금한 점을 스스로에게 질문한 뒤 그에 대한 답변을 적는다. 이런 식으로 글을 쓰면 빠른 시간 안에 끝까지 읽게 되는 글을 작성할 수 있다.

콘텐츠가 쌓였다는 생각이 들면 나의 아이디어를 사람들에게 공유해 보자. 요즘은 나의 생각과 노하우를 담은 소책자 전자책을 만들어서 공지를 공유 시에 무료로 배포하는 방법들로 자신의 구독자들을 모으는 방식이 많다. 혹은 강의를 진행해도 좋다. 강의를 처음 만들거나 전자책을 먼저 만든다면 고객을 모집하기가 쉽지 않다.

글을 한 번 쓴다고 모집은 끝난 것이 아니다. 그 이후에 지속적으로 내가 노리는 고객층의 애로사항을 찾아본 뒤 그에 대한 해결책을 제시하고 추가적으로 내 서비스를 홍보해야 한다. 앞서 언급했지만 이웃추가 후 게시글 공유를 해 주는 사람에게 반값 할인, 무료 등의 혜택을 준다면 상대를 통해서 나의 브랜드를 홍보하는 효과를 볼 수 있다. 블로그의 구독자를 단기간에 늘릴 수 있는 하나의 방법이다.

강의를 진행하거나 소책자를 구성한다면 해당 상품에 주력하는 것도 좋지만 꼭 이후에 리뷰를 남기게 만들 또 다른 선물을 기획해 보자. 물론 초반에 추가로 제공할 선물을 생각하는 일은 쉽지 않다. 하지만 이 과정을 통해서 고객이 관심을 가질 내용에 대해 조금 더 생각을 해볼 수 있다. 이를 통해 고객에 대한 이해가 깊어진다. 자기 발전에도 좋고 마케팅적인 효과가 있다.

만약 고객에게 리뷰를 남겨준다면 어떤 서비스를 추가로 제공하겠다는 약속을 한다면 어떤 효과가 있을까. 고객은 생각지도 못한 깜짝 선물에 더욱 감동을 하게 된다. 또한 상대는 리뷰를 작성하게 된다면 자신이 제공받은 서비스의 좋은 점을 다시 한 번 떠올리며 서비스를 더욱 좋게 기억하기 마련이다.

▲ 필자의 다양한 콘텐츠들

BRANDING

PART 3

호스트워커약사의
4가지 비밀무기

공간, 직함으로만 나를 소개할 수 있다는 것은 언젠가 대체될 수 있는
존재라는 것을 의미한다. 따라서 나는 호스트워커약사로 살아가기로
결심했다. 어디서나 나로서 영향력을 발휘하고 싶었기 때문이다. 나는
내 삶의 주인공이 되겠다.

CHAPTER 1

호스트워커약사
(Host Worker Pharmacy)

호스트워커약사가 되어야 하는 이유

과거 2020년 7월, 내가 블로그를 운영하기 시작했을 때, 대부분의 약사 블로그는 약에 대한 정보를 전달하는 블로그에서 그치는 것이 대부분이었다. 블로그를 운영하는 사람에 대한 정보는 알 수 없었다. 내가 약사 블로그를 운영해 보라고 이야기를 하면 "나는 아직 약국을 운영하지 않는걸"이라는 이야기가 돌아왔다. 이는 블로그의 주체를 자신이 아닌 약국으로 생각했기에 나온 대답이다. 하지만 그로부터 6개월이 지난 이후 약사들은 브랜딩의 필요성을 실감했다. 많은 블로거 약사들이 자신의 이야기를 적기 시작했다. 흔들리지 않는 나만의 브랜드를 확보해서 사람들에게 '어떤' 약사라고 인식되기를 희망한다.

최근 나는 약국브랜딩연구소 약사 회원을 통해서 '브랜드를 확보한 롤모델'이라는 찬사를 받았다. 과거라면 단순히 특이한 약사로 기억되었을 것이다. 하지만 코로나로 인해 비대면 문화가 확산됨에 따라 온라인에서 어떻게 하면 살아남을지에 약사들이 관심을 갖게 된 것이다.

많은 사람들이 과거에 약사는 약국 밖을 벗어나면 약사로서 활동할 수 있는 방법이 없을 것이라고 생각했다. 약국 속에서만 약을 다룰 수 있기 때문이었다. 온라인을 통해 소통하는 것은 단순히 여가활동 그 이상은 될 수 없다고 생각했다.

하지만 온라인을 활용해서 나의 브랜드를 확보하길 원하는 사람들이 늘어났다는 것은 그 자체로 시사성이 있다. 약국이라는 공간에서 벗어나서도 나만의 브랜드를 확보할 수 있는 방법을 찾기 시작했다는 의미이기 때문이다. 더 이상 약국에 속하지 않아도 나 홀로 약사로서 활동할 수 있다. 이것은 스스로 삶의 주인이 되었다는 의미이기도 하다.

과거에 약사의 소득은 대부분 약국에서만 이뤄졌다. 하지만 많은 직업들이 온라인을 통해 자신의 직능을 확대해 가는 추세다. 이러한 흐름에 발맞추려는 약사들의 움직임이 보인다. 약국이라는 공간을 벗어났을 때 개인으로서 온전하게 자립할 수 있는 방법을 구상해야 한다.

나라는 브랜드가 의미가 있기 위하여 어떠한 공간이 필요하다는 것은 반대로 생각해 보면 그 공간이 없이는 나라는 브랜드가 존재할 수 없다는 의미이기도 하다. 이는 나의 삶에 대한 주도권이 나에게 있는 것이 아니고 타인에게 있는 것이다.

4차 산업혁명이 진행되고 많은 것들이 자동화되는 상황에서 흔들리지 않고 나 홀로 경쟁력을 갖추는 것은 너무 중요해졌다. 유명한 미래학자들이 다양한 변화를 이야기하더라도 공통점은 나만의 경쟁력을 갖추라는 것이다. 이에 우리는 호스트워커약사가 되어야 한다. 생존하기 위해서다.

호스트워커약사란?

앞서 호스트워커라는 개념에 대해 호스트워커란 자기 삶의 주인이 되는 사람으로서 하루하루를 의미 있고 생산적으로 살아가는 사람이라고 언급한 적이 있다. 그렇다면 호스트워커와 같이 살아가는 약사는 무엇일까? 바로 호스트워커약사다.

호스트워커약사의 줄임말은 'HWP Host Worker Pharmacy'인데 이

것을 찾아내고 얼마나 뿌듯했는지 모른다. 호스트워커약사는 주변 상황에 흔들리지 않으며 필요하다면 조직에 속해서 또 어떤 경우에는 혼자서도 자신의 삶을 살아간다. 호스트워커약사는 자신만의 브랜드를 확보하고 있다.

같은 정보라도 사람들은 호스트워커약사를 통해서 제공받기를 희망한다. 호스트워커약사 개개인의 색에 매력을 느꼈기 때문이다. 같은 이야기도 신뢰가 구축된 상태이기 때문에 나만의 호스트워커약사를 통해 그의 이야기를 듣기를 희망한다. 더 이상 거리가 중요한 것이 아니다. 시간이 걸리더라도 호스트워커약사를 만나기 위해 사람들은 길을 나선다.

호스트워커약사의 비밀무기 4가지

사람들은 호스트워커약사를 찾아오며 그들에게는 그들만의 특별한 노하우가 있을 것으로 기대한다. 이미 자신만의 브랜드를 확보한 호스트워커약사를 보며 사람들은 부러움을 느낀다. 하지만 그들도 원래는 평범한 약사였다.

호스트워커약사란 약사 면허에 명시되어 있는 직함은 아니다. 따라서 평범한 개인도 마음만 먹는다면 비교적 단기간에 호스트워커약사가 될 수 있다. 하지만 호스트워커약사가 되는 법을 명확히 알려주는 곳은 어디에도 없다. 심지어는 호스트워커약사 자신조차도 자신이 어떻게 호스트워커약사가 되었는지 모르는 경우가 허다하다. 그들은 단순히 자신의 삶을 즐기고 주체적으로 삶을 영위해 왔을 뿐이다. 나는 성공한 그들을 오랜 시간 동안 관찰해 왔다. 나 스스로부터가 호스트워커약사이고자 했다.

이번 장을 통해서 나는 호스트워커약사가 공통적으로 갖춘 4가지 능력을 소개하려 한다. 애석하게도 우리는 약대 교육과정상 이러한 공부를 접할 기회가 없었다. 많은 사람들이 암기에만 매몰된 채 이 능력을 배울 기회가 없었다. 이 능력은 앞으로 기계에 의해 대체될 수 없는 사람만의 능력이기도 하다. 글쓰기, 말하기, 디자인, 마케팅이 그것이다.

대부분의 약사는 이과출신이기 때문에 '글쓰기'란 나와는 상관없는 일이라고 생각한다. 하지만 알고 보면 아니다. 글쓰기 역시 약사라는 직종과 뗄 수 없는 행위다. 머릿속에 있는 약학 지식을 수학공식처럼 하나씩 꺼내는 일은 여간 어려운 일이 아니다. 차라리 그러한 지식을 한 편의 글로 완성하는 편이 낫다.

만약 내가 아는 것이 있다면 그것을 적으면 글이 하나 완성된다. 그리고 그 글을 논리적인 구조로 적는다면 사람들에게 잘 전달되는 칼럼이 된다. 만약 약국에서 근무하며 만났던 고객과의 일화를 추가한다면 스토리텔링을 가미한 멋진 글이 된다.

글을 하나 잘 작성해 둔다면 이를 모아서 나중에 사람들에게 정보를 제공하는 전자책으로도 구성할 수 있다. 전자책을 몇 번 완성하며 책을 작성하는 능력을 키운다면 나중에는 정식 책으로 출간할 수도 있다.

글쓰기만 잘할 수 있다면 이를 활용해 유튜브, 인스타그램, 지식거래 플랫폼 등으로 언제든 진출할 수 있는 씨앗이 된다. 사람들은 매력적인 글을 적는 사람들에게 전문성을 느낄 테고, 그들의 콘텐츠에 대한 기대감을 가질 것이다.

약국에서 고객을 접하는 동안 가장 필요한 능력은 바로 '말하기'다. 약국에서 취급하는 물품은 모두 품질이 뛰어나다. 하지만 아무리 좋은 제품도 저절로 팔리는 경우는 거의 없다. 그 제품들에 생명을 불어넣는 것은 바로 약사의 역량에 달렸기 때문이다.

만약 당신이 좋은 사람이고 충분한 시간이 있다면 거의 모든 사람과 두터운 신뢰를 쌓을 수 있다. 사람들은 신뢰하는 약사에 대한 거부감이 없다. 나만 하더라도 신뢰하는 친구가 직접 사용한 뒤 추천하는 물건이라면 관심을 기울이고 구매를 하게 된다. 모두가 신뢰를 구축하는 것이 중요하다는 사실은 이제 알고 있다. 하지만 약국에서 우리는 고객과 대화할 절대적인 시간이 부족하다. 따라서 우리는 단기간에 신뢰를 쌓는 방법을 공부해야 한다. 그리고 이에 필요한 능력이 바로 말하기 능력이다.

미래학자 다니엘 핑크Daniel Pink는 자신의 저서 『새로운 미래가 온다』에서 다가오는 미래의 핵심능력으로 '디자인'을 손꼽았다. 보기 좋은 떡이 맛도 좋다는 이야기가 있다. 같은 제품이라면 사람들은 잘 디자인된 제품을 구매한다.

약국의 디자인은 몇 년간 변화가 없다. 대부분은 약국 창문에 빨간 글씨로 커다랗게 '약'이라는 글자가 붙어있을 뿐이다. 하지만 요즘은 깔끔한 디자인을 내세우는 트렌디한 약국이 늘어나고 있다. 하나둘씩 깔끔한 약국의 모습을 갖추게 될 것이고 이 변화를 따르지 않는다면 명확히 구분이 될 것이다. 따라서 기본적인 디자인을 학습할 필요가 있다.

고객은 매력적인 디자인에 끌린다. 피츠버그 몬테피오르 병원의 연구에 따르면 낙후된 병동에 비해 현대적이고 감각적인 디자인을 가진 병동에서 치료받은 환자들의 진통제 사용량이 적었다고 한다. 이는 공간적이거나 디자인적인 요소가 환자들의 건강에 직접적으로 영향을 미친다는 것을 의미한다. 약국이 보건의료에 기여하기 위해서는 감각적인 디자인을 학습할 필요가 있다.

많은 약사들이 '마케팅'에 대해 거부감을 갖고 있는 경우가 많다. 하지만 마케팅은 다른 말로 효율과도 같다. 성공적인 기업, 종교, 정치인 등은 모두 마케팅을 활용하고 있다.

마케팅을 사용하지 않더라도 마케팅이 무엇인지는 알고 거부해야 한다. 하루 중 마케팅이 사용되지 않는 경우는 아마도 없을 것이다. 점심에 무엇을 먹어야 할지, 사랑하는 배우자를 누구로 맞이해야 할지 등 모든 인생 전반에 마케팅이 사용되지 않는 경우가 없기 때문이다. 마케팅을 통해 당신의 고객은 필요한 물건을 좀 더 수월하게 얻을 수 있으며 자신의 문제를 해결할 수 있다. 약사는 이를 통해 보건의료에 기여할 수 있고 그에 대한 대가로 금전적인 보상을 지급받는 것이다.

마케팅이 없는 세상은 아름다울까? 지루하고 따분할 것이다. 고객은 멋진 상품과 서비스에도 가슴 뛰는 경험을 하지 못할 것이며 진짜 필요한 물건을 구매하지 못할 것이다. 약사는 단순히 가격 할인 외의 방법을 생각해 내지 못할 것이며 매일 지루함과 좌절감을 느낄 것이다. 경제는 침체되며 약사는 곧 존재 이유에 대해 고민할 것이다. 약사가 마케팅을 공부한다면 고객과 약사 모두가 행복해질 것이다. 당신이 가진 정보가 단순히 빛이 바래도록 두지 말고 활용해야 한다.

CHAPTER 2

글쓰기 –
생존을 위하여 펜을 들어라

논리적인 글쓰기 구조

살면서 길을 잃어본 적이 있는가. 과거 스마트폰이 없던 시절에는 길을 모르면 가는 행인들에게 목적지를 묻고는 했다. 그나마도 목적지를 모르는 사람이 나타난다면 낭패였다. 하는 수없이 택시에 몸을 싣고 가는 수밖에 없었다. 하지만 요즘은 다르다.

요즘 나는 길을 잃으면 당황하지 않고 바로 휴대폰의 지도 어플을 켜고 현재 위치를 찍은 후 목적지를 검색한다. 그렇다면 처음 출발지에서 내가 얼마나 지나왔는지 이후 어떤 방향으로 얼마나 걸어야 목적지에 도달하는지 알 수 있기 때문이다.

글쓰기도 이와 마찬가지다. 글을 써야 한다고 하면 일단 당황하고 겁부터 먹는 경우가 참 많다. 사실 글쓰기에도 공식이 있다. 이 공식만 숙지한다면 언제든 자신의 위치를 확인한 후 중심을 잡고 가야 할 방향을 확인할 수 있다. 이 방법은 내가 만든 방법이 아니다. 이미 잘 쓰인 글들은 이 법칙을 따르고 있다. 바로 '4MAT'이라는 기법이다.

'4MAT'의 구성은 다음과 같다. 'Why', 'What', 'How', 'If'로 구성된다. 하나씩 설명해 보겠다.

첫 번째로 'Why', 이는 '왜 이 글을 쓰는가' 하는 질문이다. 이 질문은 포괄적으로 적용이 가능하다. 왜 이 글을 쓰는가, 왜 이 글이 독자에게 도움이 되는가, 왜 이 글을 읽어야 하는지, 어떤 문제 상황을 겪었다면 왜인지 모두에 적용할 수 있다. 결과적으로는 관심을 불러일으키는 부분이다.

두 번째, 'What', 무엇에 대한 것이다. 이는 글감에 해당한다. 어떤 것이 해결책이 될 수 있는지, 무언가 해야겠다는 필요성, 해결책이 존재한다는 언지를 주면 된다.

세 번째, 'How', 어떻게 적용해야 할까. 방법에 대한 부분이다. 앞서 나온 'What'을 통해 독자는 해결책에 대한 관심이 생겼다. 그렇다면 이에 해당하는 내용을 구체적으로 어떻게 시도해 볼 수 있는가에 대한 방법을 서술한다. 단순히 어떻게 좋은지에 대해서도 말을 할 수 있고, 실제 적용했던 나만의 이야기를 스토리텔링을 통해 풀어갈 수 있다.

네 번째, 'If', 만약 결과적으로 어떤 문제 상황에 봉착했을 때면 이렇게 해결하면 된다고 결과를 한 번 더 정리해 줄 수 있다. 혹은 'How'에서 부족한 추가적인 정보를 제공할 수 있다. 하지만 구체적 예시 없이는 감이 오지 않는 경우가 왕왕 있다. 따라서 다음과 같은 간략한 예시를 들어봤다.

■ 예시 1

① Why: 관절이 아파서 고생한 적 있으신가요? 저도 2019년 겨울, 발목을 삐끗한 적이 있는데 어휴~ 너무 아프더라고요.

② What: 그때 D를 알게 됐습니다.

③ How: D는 A라는 성분 때문에 염증을 빨리 가라앉혀주더라고요.

④ If: 지금 관절로 고생 중이라면 D를 고려해보세요.

■ 예시 2

① Why: 글 잘 쓰는 법 궁금하시죠? 어떻게 글을 써야 할지 모르겠다고요?

② What: 사실 글쓰기엔 공식이 있습니다.

③ How: 4MAT기법을 한번 활용해보세요.

④ If: 만약 쓰다가 막힌다면 다시 한 번 떠올려보시면 분명 도움이 되실 겁니다.

■ 예시 3

① Why: 제가 평소에 열정 넘친다는 소리 꽤 많이 들었거든요.

② What: 도대체 비결이 뭐냐고요?

③ How: 간단해요. 목표를 설정하고, 실행방법을 찾으세요. 그리고 돈과 시간을 투자하세요. 그리고 실행하시면 됩니다.

④ If: 생각만 해보시지 마시고, 오늘 당장 목표를 적어보세요. 분명히 이루어질 거예요.

■ 예시 4

① Why: 성공한 인생이란 뭘까요? 사실 별거 없습니다.

② What: 사랑하는 가족들과 맛있는 식사하고 손자, 손녀 잘 지내는지 소식 듣고 멋진 곳에서 영화보고 가끔 여행 다니는 것. 이 정도면 충분하지 않을까요?

③ How: 뇌 건강이 문제입니다.

④ If: 늦기 전에 미리 준비하세요. ㅇㅇㅇ!

간단한 예시를 통해서 논리적인 구조를 가진 글의 뼈대를 확인해 봤다. 앞으로 온라인이 활성화됨에 따라 우리는 글로 상품을 판매하는 방법을 익혀야 한다. 이제는 준비해야 한다.

설득하는 글쓰기 구조

나의 주장이 담긴 글을 잘 작성하는 것이 너무 중요한 시대가 왔다. 비대면 사회에서는 어쩌면 대면보다도 글을 통해 상품과 서비스를 판매하는 것이 중요하기 때문이다. 의미 없는 말을 여러 개 늘어놓기보다는 논리적으로 잘 작성한 글 한 마디에 사람들은 반응한다. 그렇다면 논리적인 오레오구조를 한번 시도해 보는 것은 어떨까.

논리적으로 전달하고 싶다면 오레오구조를 사용해야 한다. 오레오OREO 구조는 Opinion, Reason, Example, Offer 네 가지로 구성된다. 가장 먼저 핵심 의견과 주장을 제시하고 이에 대한 판단 근거를 제시한다. Example에서는 이와 관련된 예시를 든다. Offer에서는 핵심 주장을 강조해 힘을 실어주거나 구체적인 방법을 제시하는 구조다. 이 구조만 알고 있다면 언제든 나의 주장을 논리적이고 설득력 있게 전달할 수 있게 된다.

■ 예시1

① Opinion: 약사 개별 브랜딩을 해야 한다.

② Reason: 4차 산업혁명이 다가오면서 약사 직능이 위기에 처했기 때문이다.

③ Example: 이미 많은 약사들이 자신의 브랜드를 드러내는 블로그, 유튜브, 인스타그램을 개설하고 있다. 진심약사 또한 블로그와 네이버 카페에 칼럼을 작성하고 최근에는 클래스톡에 글쓰기 특강도 런칭했다.

④ Offer: 약사 브랜딩의 흐름을 받아들이고 빨리 개별 브랜드를 구축하자.

■ 예시2

① Opinion: 관절이 아플 땐 D를 드셔야 합니다.

② Reason: D 속의 A라는 성분이 염증을 빠르게 가라앉혀 주기 때문입니다.

③ Example: 유명 연예인 OO 씨도 이 제품을 애용한다고 하더라고요.

④ Offer: 관절로 고생하신다면 D를 오늘 저녁부터 일주일간 드셔보는 건 어떨까요?

간단한 예시지만 논리적인 구조를 지녔기에 설득력이 있게 들리지 않는가? 글쓰기 구조를 미리 생각한다면 글을 작성할 때

횡설수설 두서없는 말을 하지 않게 된다.

팔리는 글쓰기

이제 글쓰기의 구조를 파악했다. 이제 실전으로 넘어가 바로 글을 써볼 수 있을 것이다. 하지만 이왕 글을 쓸 거라면 더 많은 사람들이 내 글을 봤으면 좋겠고 더 많은 사람들을 글로 설득하고 싶어진다. 그리고 사람의 마음을 움직이는 글이야말로 기계가 대체할 수 없는 인간 고유의 영역이다. 그렇다면 그 이전에 사람들이 관심을 갖는 것, 사람들의 마음을 움직이는 요소에 대해 알아보자.

① 효율성

어떤 집단에 가면 이런 말을 들을 수 있다. "그분이랑 친하게 지내면 도움이 된대." 이런 소리를 듣는 사람을 봤는가. 화제의 대상은 보통 친하게 지내면 어떤 일에 사용되는 내 시간을 단축시켜주는 방법을 전해주거나 혹은 금전적인 도움을 주는 존재일 경우가 대부분이다. 따라서 나의 효율을 올려주는 존재에게 사람들은 호감을 느끼게 된다.

흔히들 '시간은 돈'이라고 한다. 이 말을 조금만 생각해 보면 된다.

언젠가 서울부터 부산까지 갈 때 버스를 타고 간 적이 있다. 초반에는 돈도 아끼고, 여유를 느끼고자 하는 생각에서 버스를 택한 것이었다. 하지만 버스를 타고 가다 보니 나중에는 KTX를 타지 않은 자신을 원망하는 순간이 찾아왔다. 시간을 아끼고자 하는 마음은 나만의 것이 아니다. 주변만 둘러봐도 쉽게 찾아볼 수 있다. 조금이라도 더 빠른 컴퓨터와 핸드폰 LTE를 찾는 사람들을 보면 시간을 단축시켜주는 물건이나 대상에 사람들이 열광하는 모습을 볼 수 있다.

어떤 커피집은 쿠폰 이벤트를 한다. 이를테면 10잔 마시면 1잔은 무료음료를 제공한다는 식이다. 10잔을 다 같은 커피집에서 마시고 싶지 않더라도 근처를 지날 때면 아무래도 해당 커피집에 마음이 가기 마련이다. 무료 커피 1잔이 주는 효과다. 네이버페이 또한 미리 5만 원을 충전하면 적립 포인트를 그냥 구매할 때보다 더 주는 전략을 취하고 있다. 가장 흔한 또 다른 예로는 편의점에서 하는 행사다. 2+1행사를 하는 편의점 커피를 발견하면 대부분의 사람들이 눈길을 한 번 더 주곤 한다.

② 컨설팅

꼭 눈에 보이는 사물일 필요는 없다. 내가 겪고 있는 문제를 정확하게 파악하고 그에 대한 해결방안을 제시한다면 사람들은 경청하게 된다. 대부분의 컨설팅이 그러하다. 사람들은 자신이 가진 문제가 해결되길 바라며 상대의 조언을 듣는 컨설팅, 멘토링에 고액의 금액을 지불한다. 이를 위해서는 상대에게 내가 해결책을 제시해줄 수 있는 존재라는 점을 어필하는 것이 중요하다.

학창시절 성적을 화끈하게 올려준다고 입소문이 난 과외선생님, 헬스장에서 맞춤형으로 예쁜 몸매를 만들 수 있다는 1대1 맞춤PT, 라이프 코칭서비스, 맞춤형 자기소개서 첨삭서비스 등 나만을 위한 서비스에 사람들의 마음은 동하게 된다.

③ 미래에 대한 대비

코로나 바이러스가 처음 등장했을 때 마스크가 고가로 치솟았음에도 불구하고 사재기를 감행했다. 마스크를 구할 수 없을지도 모르기 때문에 불안했기 때문이다. 편의점에서 판매하는 물의 가격은 천 원 남짓이다. 하지만 사막에서 오아시스를 찾을 수 없는 상황이라면 사람들은 모든 재산을 물을 구매하는 데 사용할지도 모른다.

사람들은 저마다 미래에 대한 불안함을 가지고 있다. 어디 그 뿐인가. 알 수 없는 미래에 발생할지도 모르는 사건사고에 대비해 보험을 들어둔다. 대부분의 사람들이 하고 있다는 말을 들으면 왠지 나만 대비를 안 하나 싶은 느낌 때문에 뭔지 한 번 알아나 보자라는 마음을 갖게 된다. 시대적 흐름을 따라가며 미래에 대한 대비를 해야겠다는 심리 때문이다.

④ 가족이라는 공동체

한국인들은 가족 공동체를 소중히 여긴다. 아이에게 좋은 영양제, 아이 머리를 좋게 하는 방법, 우리 엄마 관절에 좋은 약, 사랑하는 동생의 병을 낫게 해줄 수 있는 방법이 존재한다면 사람들은 기꺼이 비용과 시간을 투자하면서까지 내 사람을 지키려고 한다. 약국에서 노인의 뇌 건강을 위한 영양제를 판매할 때 주 고객층은 노년층이 아니라 소중한 엄마와 아빠를 지키고 싶은 가슴 따뜻한 자녀들임을 기억하자.

이를 좀만 더 생각해 본다면 약국에 가족 혹은 연인이 방문했을 때 구매대상뿐 아니라 주변인을 칭찬할 수 있다. 예를 들면 약국에 아빠와 딸이 함께 방문을 했다면 딸의 효심을 칭찬하며 화목한 가족으로 대화 주제를 정한다면 고객도 기뻐할 것이다.

⑤ 프리미엄

프리미엄은 두 가지로 인식할 수 있다. 처음은 상품이 프리미엄인 경우다. 같은 음식도 프리미엄이라는 단어가 붙으면 특별한 것으로 인식을 한다. 와인에 대해서 잘 모르더라도 단순히 가격이 비싸다면 우수한 품질을 기대하듯 말이다. 프리미엄이라는 단어는 상품의 가격이 비싼 이유를 납득시켜 주며 사람들은 비싼 데에는 이에 합당한 이유가 있을 것이라고 생각한다. 이는 개인의 인생은 너무 복잡하고 고려해야 할 대상이 너무 많기 때문이다. 따라서 가끔 사람들은 시간을 효율적으로 사용하기 위하여 가격으로 품질을 결정하기도 한다. 이처럼 프리미엄 상품에 사람들은 필요에 따라 고액을 지불하기도 한다.

둘째로 고객에게 프리미엄을 적용할 수 있다. '손님은 왕이다.' 혹은 '아름다운 사람은 머문 자리도 아름답습니다.' 등의 카피라이팅은 상대를 높이며 상대에게 그에 합당한 행동을 하도록 유도하는 효과를 가진다. 고객에게 고급 브랜드나 프리미엄 라인을 받을 만한 사람이라고 인식을 하도록 만든다면 고객은 가격을 지불할 것이다. 고객의 특별한 상황에 프리미엄을 적용할 수도 있다. 평범한 일상도 고객에게 한 번뿐인 특별한 이벤트로 만들 수 있다. 한 번뿐인 20대 인생, 한 번뿐인 수능, 중요한 도로주행 시험, 특별한 기념일 등으로 고객의 상황 혹은 고객 자체를 특별하게 인식시킬 수 있다면 고객의 마음은 움직이게 된다.

CHAPTER 3

말하기 –
세련되지 않으면 입이 고생한다

지식의 저주

개구리가 올챙이 시절을 기억하지 못하듯이 사람들도 마찬가지다. 사람들은 자신이 알고 있는 지식만큼 상대가 당연히 알 것이라고 생각한다.

이것을 바로 '지식의 저주'라고 한다. 무언가 알게 된 후에는 그걸 알기 전의 나의 모습을 잊어버리는 것이다. 초보자들이 겪을 어려움에 대해 이해하기 어려운 경우가 많다. 어련히 이 정도는 알겠지 식으로 기본은 건너뛰고 어려운 이야기를 한다.

나 역시 강연을 준비할 때 지식의 저주로 고생한 적이 있다. 이전에 '미리캔버스'라는 여러 피피티를 쉽게 만들 수 있는 무료 디자인 툴을 설명하는 강연을 열었다. 미리캔버스란 말 그대로 캔버스에 미리 완성되어 있는 피피티를 내 입맛과 필요에 따라서 수정하는 도구다.

해당 강연을 처음 열었을 때에는 해당 툴을 잘 사용하는 사람들이 얼마 되지 않았다. 첫 강연에서 나는 사람들에게 미리캔버스가 존재한다는 것을 알려주고 이 도구의 기본기능 설명에 주력했다. 강연 후 반응이 좋았고 나는 해당 강의를 다시 열기로 했다. 두 번째 강연을 열었을 때에는 어렴풋이 이제 사람들이 많이 알겠지, 하는 생각이 들어서 활용법을 준비했다.

강연이 시작한 뒤 "혹시 미리캔버스를 아시나요?" 하고 물었더니 많은 사람들이 처음 들어본다는 반응을 보였다. 내가 열심히 준비한 활용법에 대한 내용은 초보자가 받아들이기에는 다소 무리가 있었던 것이다. 강연이 끝난 뒤 "조금 더 실습 위주로 해줬으면 좋았을 것 같아요."라는 피드백이 들려왔다. 이처럼 지식은 많아도 독이 될 때가 있다. 이와 같은 상황을 방지하기 위한 가장 좋은 방법은 사전에 청중을 고려하는 것이다.

상대를 고려하지 않고 말을 한다면 어떤 일이 벌어질까. 갑자기 어려운 용어를 접한 고객은 그저 끄덕거리다가 외면해 버리고 말 것이다. 상대의 말에 집중하기 어렵고, 나의 지식을 뽐내겠다는 욕심으로 쉬운 말조차 어렵게 이야기할 필요는 전혀 없다. 진정한 고수는 상대를 배려하는 센스를 갖추었다. 어려운 용어를 늘어놓는다면 상대방은 내 말을 이해할 수 없을 것이며 그저 지루하다고 느낄 것이다.

그렇다면 강연할 때는 어떤 화법을 구사해야 좋을까. 상대방의 지식수준을 어느 정도 파악한 후에 상대방과 동일한 눈높이에서 전달을 하면 가장 좋은 걸까. 이것은 일대일 상황에서는 가능할지도 모른다. 하지만 모든 상황이 항상 일대일로 진행되는 것은 아니다. 예외일 때도 있다. 여러 명 앞에서 발표를 하거나 강연을 준비해야 할 때도 있다. 미리 질문을 받을 수 있다면 어느 정도 상대를 짐작할 수 있겠지만 항상 가능한 것은 아니다. 이때 상대의 지식을 어디까지 생각해야 할까.

상대가 이미 아는 이야기를 한다면 상대가 지루해할까. 그렇지 않다. 상대가 아는 지식이 많다고 해서 꼭 이야기를 어렵게 해야만 하는 것은 아니다. 대화에 감칠맛을 더하기 위하여 비유를 사용해 보자. 대화 중에 기본 개념에 대해 혹시 아는지 질문을 던져보자. 아는 이야기를 들었다고 해서 상대는 기분 나빠하지 않는다. 오히려 제대로 알고 있다면 자신의 지식을 인정받는다고 생각할 것이다. 새로운 정보를 받아들일 준비를 하며 더욱더 귀를 쫑긋하고 기울일 것이다.

말하기의 출발은 경청이다

한 일화가 있다. 세일즈맨이 에어컨을 설명하고 있었다. 한 고객이 대화 도중 "저 에어컨 구매할게요."라고 말을 한다. 세일즈맨이 말하길

"고객님 아직 제 설명이 끝나지 않았으니 아직은 구매하실 수 없습니다."

이 대화를 본 후 어떤 마음이 드는가. 혹시 나의 말만 쏟아내고 있지는 않은지 생각해 봐야 한다. 고객의 말을 듣기보다는 설교에 가까운 대화를 구사하고 있지는 않은가. 어떤 사람들은 자신이 세상 모든 문제의 결론과 생각을 제시해야만 직성이 풀린다. 하지만 잠시만 멈춰보자.

과거의 나도 어떤 사람들이 나에게 어떤 고민을 토로한다면 나에게 해당 문제에 대한 해결책을 달라는 것으로 이해를 한 적이 있다. 하지만 해결책을 제시한다고 모두가 만족하는 것은 아니었다. 오히려 상당수는 자신의 문제를 들어줄 사람이 필요했던 적이 많다. 잘 들어주고 이를 정리해서 "혹시 당신이 말하는 것을 저는 이렇게 이해했는데 맞나요?"라고 이야기만 하더라도 상대는 기뻐서 자신의 이야기를 계속하게 된다.

만약 상대가 애매모호한 이야기를 하였거나 상대가 말하는 본질에 대해 이해가 어렵더라도 기죽지 말자. 그때에는 "혹시 좀 더 자세히 말해주실 수 있나요?"라고 이야기해 보자. 상대는 기꺼이 추가로 대화를 이어나갈 것이다.

그 과정에서 자신의 생각을 정리하며 그 안에 내재되어 있는 해결책을 스스로 찾는 경우도 많다. 심지어는 맞장구만 쳐줘도 대화를 하다가 자신이 해답을 제시하고 그에 대한 정리를 한다면 스스로 발견한 해결책에 대해 감동하는 경우가 꽤 많다.

일단 약국에 방문한 고객은 어떤 문제를 발견했고 해당 상황을 해결해 보려고 방문한 것이다. 가장 먼저 어떤 문제를 겪고 있는지 질문으로 대화를 이끌어내는 것은 어떨까. 고객이 상품을 이야기 할 때에도 '어떤 문제'를 해결하기 위한 발언인지를 질문해야 한다. 질문을 통해 고객의 실제 상황에 대한 이해를 높일 수 있다.

코칭 대화법

논리적으로 말하는 공식이 '4MAT'이라면 약국에서 적용하면 좋은 대화법이 있다. 바로 'GROW'라는 대화법이다. 이 대화법은 코칭에서 주로 사용되는 방식이다.

코칭 대화법은 고객이 미처 생각하지 못했던 문제를 스스로 생각해 내고 해결할 수 있는 방법을 찾도록 도와준다. 이 방법은 시간이 다소 오래 걸릴 수 있지만 이후 약국에서 약사의 상담 역할이 중요해짐에 따라 언젠가는 꼭 준비해야 하는 분야라고 생각한다. 거듭 강조하지만 변화하는 4차 산업혁명에서 약사는 약사만이 제공할 수 있는 인간다움에 대하여 준비해야 하기 때문이다.

약국에서는 상황에 따라 코칭과 건강 컨설팅을 섞어서 사용해야 한다. 코칭이 스스로 자신의 답을 찾도록 도와주는 역할이라면 컨설팅은 일방적으로 고객에게 답을 제공한다는 차이가 있다. 일단 이곳에서는 코칭 대화의 기본인 GROW대화법을 소개한다. 차례대로 Goal, Reality, Option, Will의 순서로 이루어진다.

Goal은 '목표'다. 고객이 어떤 목표를 이루고 싶은지 고객의 마음을 파악해야 한다. 고객의 마음을 열고 고객이 실제로 원하는 바를 파악해야 한다. 진통제를 사기 위해 약국을 찾은 고객이 있다. 이 고객이 가진 문제의 근본원인은 통증의 원인을 제거하는 것이다. 그러므로 약사는 고객에게 왜 진통제를 찾는지 먼저 물어보아야 한다. 고객이 어떤 목적을 이루고자 하는지 명확하게 짚고 넘어가야 한다.

Reality는 '현재 상태를 파악하는 것'이다. 문제 상황을 해결하고 목표를 달성하기 위해서 어떤 시도를 했었는지 정확한 파악이 필요하다. 기존의 방법으로 효과가 나타나지 않았다면 이유를 탐색해 볼 수도 있다. 목표를 성취한다면 어떤 기분이 들 것인지, 현재와 어떤 변화가 있을 것인지 질문하여 고객으로 하여금 구체적인 이미지가 떠오르도록 해야 한다. 현재 겪는 어려움에 대해 대화를 해볼 수 있다. 약국 상황에 맞춰서 생각해 본다면 고객에게 기존에 복용했던 약과 건강관리법의 효과에 대해 물어볼 수 있다. 그때 효과가 좋지 않았거나 만족도가 높지 않았다면 그 이유에 대해 질문해보자.

Option은 '목표를 이루기 위한 방법을 생각해보는 것'이다. 이 과정에서 고객은 스스로 답을 찾을 수도 있고 약사에게 어떤 해결책을 요청할 수도 있다. 고객이 약사에게 해결책을 물어오는가? 그렇다면 약사는 바로 대답하지 말고 고객에게 먼저 이렇게 물어보아라. "해결책을 받길 원하시나요?" 고객이 해결책을 요청한다면 이때 해결책을 제시해 주면 된다. 제시해 준 후 어떻게 생각하는지 고객의 의견을 물어보자. 경우에 따라서 해결방법을 세 가지 정도 생각하도록 돕는 것이 좋다. 그 뒤에는 하나의 방법을 가장 구체적으로 이룰 수 있도록 가이드라인을 만들어본 뒤 이 방법을 시도해 볼 생각이 있는지 질문하는 것이 좋다.

Will은 '상대를 움직이는 방법'이다. 해결책을 찾았다면 언제부터 시도할 것인지 또 어떻게 스스로 점검할 것인지 질문하자. 어떤 약사는 이후에 문자 등으로 문 밖에 나선 고객을 살뜰히 챙기기도 한다. 칭찬이 고래를 춤추게 하듯이 응원과 격려는 고객의 건강상태에 긍정적인 영향을 미친다.

같은 것도 다르게 말할 수 있다

조언을 할 때 단순히 사실관계에만 집중하지 말고 비유를 통해 대화하는 습관을 기르자.

어떤 약국에 방문한 고객이 약사에게 이렇게 물었다고 한다. 콜라겐이 왜 뼈 건강에 좋냐고. 이런 질문 앞에서 약사는 어떻게 대답할 수 있을까. 단순히 콜라겐의 구조를 줄줄이 설명할 수도 있다. 하지만 이보다 효과적인 방법은 바로 비유를 사용하는 것이다. 콜라겐이 철근이라면 칼슘이 시멘트 역할을 하고, 그래서 시멘트와 철근이 함께 있을 때 더욱 효과가 좋다고. 이런 식으로 비유를 들어 설명했을 때 반응이 훨씬 좋았다고 한다.

비유를 활용해야 하는 이유는 뭘까. 멋진 비유를 사용한다면 고객들은 자신의 경험에 맞추어서 상상할 수 있게 된다. 자신에게 필요한 이야기를 한다고 생각하기 때문에 더욱더 집중하게 된다. 같은 정보도 비유를 활용해서 이야기한다면 오래도록 기억된다.

비유는 상대에게 자신의 지식을 활용하여 상품에 자신만의 의미를 부여하도록 도와준다. 비유를 잘만 활용한다면 자신의 문제로 캄캄한 어둠 속에서 헤매는 고객에게 한 줌의 빛이 될 수 있다. 어떤 비유를 사용하느냐에 따라 그 어둠을 밝히는 빛이 자그마한 촛불이 될 수도 있고 골목을 대낮과 같이 환하게 비추는 거대한 가로수 불빛이 될 수도 있다.

약사의 개별 브랜딩이 꼭 필요하다고 강조하는 이유는 뭘까. 비옥한 토지에 콩을 심으면 콩이 나고 팥을 심으면 팥이 난다. 약사의 직능은 비옥한 토지와도 같다. 대부분 이 영토는 콩을 심는 곳이라고 생각해 왔으며 콩을 심는 곳이라는 간판이 붙어 있었다. 하지만 나는 약사의 직능 확대를 위해서 콩도 심어보고 꽃도 심어보고 아름드리 소나무도 심어보는 것이 바로 약사 브랜딩이라고 생각한다. 이러한 움직임이 모인다면 사람들이 해당 토지를 콩밭이 아닌 과수원으로 인식한다. 이것이 바로 브랜딩이라고 생각한다.

▲ 약국브랜딩연구소에서 브랜딩 강연을 하는 필자의 모습

약국브랜딩연구소에서 진행한 브랜딩 강연에서는 '브랜딩'에 대한 이해를 돕기 위해 포켓몬스터 게임으로 비유를 한 적이 있다.

내가 초등학교에 다닐 적에는 닌텐도에서 나온 포켓몬스터를 키우는 게임이 유행을 한 적이 있다. 그때 내가 즐겨 사용하던 포켓몬스터의 이름은 '치코리타'라는 캐릭터였다. 강연 중 "치코리타 아시나요?"라고 했더니 사람들이 끄덕끄덕하며 관심을 보였다. 나는 강연에서 약사들이 전문성을 갖추기 위하여 전문약사 제도를 수강하고 화장품, 한약제제, 일반의약품, 전문의약품, 건강기능식품 등을 공부하는 과정이 포켓몬스터의 레벨을 업그레이드 하는 과정과 비슷하다고 이야기했다.

레벨이 업그레이드 된 캐릭터는 체력, 공격력, 방어력이 전반적으로 늘어나게 된다. 브랜딩은 이 캐릭터의 필살기인 '쏠라빔'과 같다. 아무리 레벨을 올린다고 해도 무조건 필살기를 사용할 수는 없는 것처럼 필살기인 '쏠라빔'을 사용하기 위해서는 또 다른 준비가 필요하고 이 필살기는 바로 '브랜딩'을 통해 얻을 수 있다고 이야기했다.

이처럼 간단한 예시지만 단순히 브랜딩을 정의내리는 것이 아니라 비유를 사용해서 좀 더 쉽게 공감하도록 도울 수 있다. 브랜딩이라는 두루뭉술한 단어보다는 과거에 접했던 쏠라빔이라는 단어에 사람들은 더욱 쉽게 고개를 끄덕이게 된다. 같은 말도 상대에게 어떻게 전달할 수 있느냐에 따라서 말의 힘이 달라진다. 어떻게 말하느냐에 따라서 효과는 천차만별이다.

스토리로 말하라

도서 『마케터의 문장』의 저자인 가나가와 아키노리는 돈가스 집에 갔다. 돈가스집 곳곳에는 작은 안내문이 걸려 있었다. 안내문에는 가게 주인이 직접 손글씨로 정성껏 쓴 내용들이 보였다. 고기의 원산지, 소스에 대한 비법, 소금에 대한 이야기, 가게 운영 철학이 적혀 있었다. 저자는 가게주인의 정성을 언급하며 성공할 수밖에 없다는 이야기를 했다.

이러한 '정성'에는 가게주인의 가게 운영 철학 및 스토리가 포함된다. 이제는 음식의 가격만큼이나 음식에 얽힌 이야기가 중요한 세상이 된 것이다. 단순히 효율만을 생각해 본다면 가게주인은 손글씨를 가게에 붙여놓을 필요가 전혀 없다. 인생이란 지름길로 느껴지는 일이 지름길이 아닌 경우가 참 많다.

어떤 상품이나 서비스를 판매할 때 상품의 품질만큼 중요한 것은 상품을 만든 사람들의 철학이다. 정보는 이미 포화상태가 되었다. 인터넷 여기저기에 정보는 널려 있다. 이제는 같은 정보, 같은 서비스라도 내가 제공하기 때문에 사람들로 하여금 기대하게 만드는 무엇이 필요하다.

이때 꽂히는 이야기, 마음을 울리는 글에 사람들은 반응한다. 어떤 약사님은 약국에 방문한 고객과 상담을 한 사례를 통해 독자에게 약국의 상황을 생생하게 알려준다. 단순히 약의 정보를 알려주는 방법은 우리가 과거에 공부했던 도표식 혹은 정보전달식이 되겠지만 스토리를 사용한다면 해당 내용이 머릿속에 오래오래 남도록 도울 수 있다.

한 약사님은 소독약 이야기를 소개했는데 단순히 소독약을 잘 써야 한다는 글이 아니라 과거에 경험한 군 생활에서 소독약을 잘못 썼을 때 흉터가 남았었다는 스토리를 전달한다. 이 글을 접한 독자는 에탄올 사용이 상처를 소독하는 데에 마냥 좋지 않다는 사실만은 명확히 알 수 있을 것이다.

대부분이 스토리의 필요성에 대해서는 공감하지만 막상 스토리텔링을 시도하려고 하면 좌절하기 마련이다. 아무리 유익한 정보도 재미가 없다면 사람들이 읽지도 듣지도 않는다. 아무리 열심히 작성해도 아무도 읽지 않는다면 의욕도 꺾일 것이다. 간혹 스토리를 글의 서두에만 작성하면 될 것이라고 생각하기 마련인데 이는 정답이 아니다. 다음을 통해 스토리텔링을 시도할 수 있다.

첫째, 나라는 브랜드를 스토리로 설명할 수 있다. 브랜드를 확보하게 된 계기를 이야기로 제시할 수 있다. 왜 나의 이야기를 들어야 하고 글을 적게 되었으며 이야기를 하고 있는지에 대해서 적을 수 있다.

둘째, 상대가 나의 이야기에 관심을 기울여야 하는 이유에 대해 적을 수 있다. 나의 이야기가 다른 사람들의 이야기와 차별성을 갖는 이유를 적을 수 있다. 이야기를 듣는다면 어떤 도움을 얻을 수 있는지 감이 오게 구성할 수 있다.

셋째, 상품에 대한 정보도 단순히 나열식이 아닌 이야기로 구성할 수 있다. 상품이 가져올 효과에 대해 비유와 이야기를 활용해서 전달할 수 있다.

넷째, 고객의 문제를 해결한 사례를 통해 신뢰감을 구축하는 이야기를 할 수 있다. 고객의 사례를 통해 상품과 서비스를 제시할 수 있다.

마지막으로 고객의 돈에 대한 가치를 활용한 이야기를 생각해볼 수 있다. 어떤 약사님은 잇몸 영양제를 제시하면서 먹는 치아보험이라는 비유를 사용했다. 보험에 비하면 잇몸 영양제의 가격은 저렴하다. 당신의 상품과 서비스가 고객의 돈을 아끼는 방법이라는 사실을 일깨워 주자.

CHAPTER 4

디자인 -
시각을 무시하다간
큰코다친다

마스크 아무리 써 달라 외쳐도 안 쓰는 이유

사람들이 가장 읽기 힘든 네 글자가 무엇인 줄 아는가. 바로 '당기시오'라는 글이라고 한다. 많은 사람들이 이 네 글자를 보지 못해 깜빡하고 문을 '밀어서' 연다고 한다.

약국에서도 이런 경우가 있었다. 약국에서 마스크를 써 달라고 아무리 외쳐도 많은 사람들이 쓰지 않아 고통을 호소했다. A4용지에 '마스크를 꼭 착용해 주세요'와 같은 글을 써서 문에 붙여놓은 경우였다. 이렇게 글로 써서 붙여두는 것보다는 마스크를 쓴 사람 그림 한 장 붙여놓는 편이 훨씬 강력하다. 약국브랜딩연구소는 자체제작 마스크 포스터를 통해서 '마스크 착용 POP'를 배포했다. 그 결과 회원들의 만족도가 높았다.

화제의 '매출 올리는 약국 맞춤형 POP 강연'

사람들은 대체로 약사의 말보다 약국에 적혀 있는 약을 설명하는 'POP'를 더 신뢰한다. 'POP[1]'란 'Point Of Purchase'의 줄임말로 결제가 일어나는 순간을 의미한다. 고객에게 상품이 어떤 가치가 있는지 한눈에 전달할 수 있다면 그것으로 POP의 역할은 충분하다. 약사들이 POP나 약 포장지에 적힌 내용을 약사의 조언보다 신뢰한다는 이야기를 듣고 POP를 직접 제작해 보는 것은 어떨까 하는 생각이 들었다. 실제로 자체 제작한 POP를 활용하여 디자인이 통일된 깔끔한 약국을 운영하는 곳이 늘고 있다.

그렇다면 좋은 POP는 어떤 것일까. 이를 위해 사람들의 구매에 대한 이해가 필요하다는 것을 느꼈다. 지피지기 백전백승이라고 하지 않는가.

---

1. 관련기사: 『데일리팜』, '약장부터 예쁨존까지 약사의 '금손' 느껴지는 약국', 2021. 02.08

한 약사님의 인스타그램 스토리에서 가격표의 가격을 파란색으로 적는 것을 보았다. 사실 시중에 나타난 가격표는 공통점이 있다. 가격표의 색은 모두 빨강색이다. 빨강색은 공격을 상징한다. 소비자들은 빨강색 가격표의 가격이 더욱 더 합리적이라고 판단한다. 나는 회원님들께 가격표를 만들 경우 꼭 가격은 #FF2D11색으로 설정하라고 조언했다. 대부분의 사람들은 새로운 공간에 방문하면 오른쪽으로 향한다. 따라서 오른쪽에 약국의 주력상품을 배치하는 것이 현명하다. 이러한 소비심리를 이해하기 위하여 책『뇌, 욕망의 비밀을 풀다』를 추천한다.

POP는 직관적으로 어떤 효과를 낼 수 있는지 알려주는 것이 중요하다. 약국브랜딩연구소의 한 회원님은 부기를 제거하는 약에 대한 POP를 제작했는데 생각보다 반응이 없어서 봐줄 수 있는지 문의를 해왔다. 해당 POP는 이런 식으로 적혀 있었다.

"이런 분께 추천 드립니다. 계속 서서 일하는 분, 주물러도 계속 뭉쳐 다리 통증 있으신 분, 다리가 저리고 부어 있으신 분, 정맥 림프 순환 장애 - 돌처럼 단단하고 무거운 종아리 그만 주무르고 이제 먹고 붙이자. 뉴베인 액."

해당 POP는 타깃에 대한 설명을 글씨로 나타낸 것이 아쉬웠다. 모든 것을 다 포괄하려다가 타깃을 놓친 것이다. 다양한 타깃 중 다리 부기로 고생하는 20~30대 여성 고객을 타깃으로 설정한 뒤 직관적인 다음과 같은 POP를 제공했다.

"옷이 고민인가요? 손에 집히는 바지 입어요. 압박스타킹은 그만! 즐거운 외출이면 충분해요. 그놈의 부기(빨강색)만 해결되면 부기해결사. ○○제약 신제품 출시! 지금 약사님께 문의하세요."

이렇게 POP는 직관적일수록 효과를 발휘한다.

그밖에 디자인에 도움이 되는 사이트를 소개한다.

알아두면 유익한 사이트

* 미리캔버스: https://www.miricanvas.com/

* 망고보드: https://www.mangoboard.net/

* 슬라이드고: https://slidesgo.com/

* 비디오몬스터: https://videomonster.com/

* 플랫티콘: https://www.flaticon.com/

* 디비컷: https://www.dbcut.com/bbs/index.php

* 지디웹: http://www.gdweb.co.kr/main/

미리캔버스, 망고보드를 통해서 간단한 POP나 카드뉴스 로

고를 디자인할 수 있다. 슬라이드고를 통해서는 다양한 PPT 슬라이드 템플릿을 만들 수 있다. 비디오몬스터를 통해서 무료로 멋진 동영상을 제작할 수 있다. 플랫티콘 사이트에서는 슬라이드에 사용할 간단한 아이콘들을 구할 수 있다. 디비컷, 지디웹에서는 멋진 홈페이지 디자인을 보며 디자인 감각을 키울 수 있다.

마케팅 -
센스를 장착하라

라포란 무엇일까

우리는 대부분 처음 만나는 사람을 경계한다. 마음이 열리지 않은 상태에서는 아무리 좋은 조언을 하더라도 일단은 경계하게 된다. 같은 말이라도 어떤 사람에게 이야기를 듣느냐에 따라서 전달력과 호소력이 다르다. 전문용어로 '라포'라고 한다.

라포란 상호 간의 이해와 유대를 의미하며 상대와 강력한 신뢰관계를 구축하는 것이다. 라포가 형성된 관계에서는 상대에 대한 경계와 거부감이 사라진다. 반대로 생각해 보면 같은 말을 하더라도 라포가 형성된 관계에서는 그렇지 않은 경우보다 신뢰가 훨씬 크다.

아무리 좋은 건강 상담을 하더라도 상대가 '상술'이라고 느낀다면 무용지물이다. 하지만 약국이라는 공간에서는 단기간에 신뢰관계를 구축해야 한다. 그렇다면 단기간에 신뢰관계를 구축하는 방법은 어떤 것이 있을까.

상대의 마음을 여는 세 번의 예스

라포를 생성하는 한 가지 방법은 '예'라는 긍정적인 대답을 연속으로 3회 이끌어내는 것이다. 사람들은 동의를 하는 과정을 통해서 편안함을 느낀다. 지속적으로 더 많이 동의할수록 계속 동의를 할 가능성 또한 높아진다. 제안을 하는 사람도 동의를 들으면서 더욱 자신감이 붙는다. 재미있는 사실은 해당 질문이 대화의 주제와 관련이 없더라도 그 효과를 발휘한다는 것이다.

어떤 물건을 구매하거나 어떤 제안을 받아들일 때를 생각해보자. 만약 당신이 점원과 대화하면서 공감하며 옳다고 연신 고개를 끄덕인 뒤에는 어느 순간 계약을 하거나 물건이 손에 들려있을 확률이 높다. 만약 당신이 구매하지 않았다면 제안의 초반부에 이미 거절을 하고 나왔을 것이다.

다양한 상황에서 고객과 소통할 경우를 시뮬레이션해 보며 어떤 제안 혹은 질문을 통해 대화를 할지 미리 준비하자. 하지만 어떤 질문을 던질 것인가에 관해선 명확히 고민을 해본 경우가 없을 것이다. 그렇기에 사람들은 어려움을 느낀다.

다음은 내가 생각한 예스를 유도하는 질문이다. "오늘 날짜가 ○월 ○일 맞나요?" 또는 "오랜만에 날씨가 화창하네요. 그쵸?"와 같은 질문들. 예스가 나올 수밖에 없는 질문이다. 이후에 "피곤함을 좀 해결하고 싶으시군요?" 혹은 "스트레스를 좀 줄일 수 있는 방법이 있다면 좋을텐데요. 그렇죠?" "쉴 수만 있다면 얼마나 좋겠습니까." "뇌 건강 미리미리 관리해야죠." 등의 고객이 원하는 상황을 연출할 수 있다.

"이왕이면 가격도 저렴하고 효과 좋은 제품을 구할 수 있다면 좋겠네요. 그렇죠?"라고 필요를 일깨워 주는 질문 또한 던질 수 있다. "많은 분들이 잠을 잘 자려고 이 제품을 찾는 것 같아요. 그렇죠?"라는 질문 또한 가능하다. 이를 통해서 예스라는 대답을 이끌어 낼 수 있으며 그렇지 않더라도 고객에 대한 정보를 얻을 수 있으니 도움이 된다.

이 책에 적힌 내용을 읽으면서는 *끄덕끄덕* 하겠지만 막상 실전에 적용하려면 뜻대로 되지 않는 경우가 많다. 나만의 예스를 이끌어 낼 수 있는 질문지를 구성해 보는 것을 추천한다. 그리고 해당 질문들은 꼭 대화의 처음에 신뢰를 구축하는 단계, 고객의 정보를 얻어내는 단계, 이후에 제품을 사용한 뒤의 효과에 대한 내용을 포함하면 좋다.

나만의 질문지를 구성한 뒤 매일 하나씩 적용한다면 당신은 어느 순간 이 질문들을 능숙하게 활용할 수 있게 될 것이다. 동의하는가? 당신의 이야기에 공감하는 사람들은 대답하며 '이 사람이 하는 이야기는 모두 맞는 것'이라고 인식하게 된다. 지속적으로 동의를 한 대중은 마지막에 당신이 어떤 제안을 했을 때 거절을 하기 어렵게 된다. 특히 약사는 공통적인 질문 이외에도 특정 제품에 대한 예스 질문지를 미리 생각해둘 필요가 있다. 동의하는가?

경험을 활용하라

약국에 방문하는 고객들이 하는 말의 대다수는 이런 증상을 처음 겪는다는 것이다. 어떤 일이든지 간에 자신이 처음 겪는 일이 발생한다면 당황스럽고 예민해질 수밖에 없다. 약국을 찾는 고객의 입장이 바로 그렇다.

우스갯소리로 어느 날 몸에 어떤 증상이 일어나서 네이버 지식인에 검색을 하면 불치병이라고 결론을 내리는 경우가 많다고 한다. 하지만 약사는 고객과 같은 증상을 호소한 사람들을 자주 접해왔기에 익숙할 것이다. 이런 경우에는 환자에게 먼저 "손님과 같은 증상을 많이들 호소하신다."는 식으로 대화의 물꼬를 터 보자.

약사의 경험은 환자의 불안감을 해소함과 동시에 약사에 대한 신뢰도를 높여준다. 이후에 "대부분의 손님과 같은 분들께 좋은 반응이 있던 이 방법이 있는데 한번 해보시겠어요?" 하고 질문을 던져보자. 단순히 약을 권하기보다는 다른 분들도 대부분 이 약을 사용했다는 말을 전해보는 것이다. 그렇게 하는 편이 상대방에게 안도감을 주며 상대의 선택을 도와줄 것이다. 이때 실제 사례를 들어준다면 설득력을 훨씬 높일 수 있다.

우리 집 근처에는 항상 길거리에 나와 흡연하는 분이 있다. 고정석도 있다. 항상 그 자리에 서서 흡연 중이다. 흡연자 뒤에는 다음의 현수막이 달려있다. "이곳은 잦은 흡연으로 민원이 많이 발생하는 곳입니다."라는 문구다. 대부분이 주는 효과와 힘을 생각한다면 이 문구에는 문제가 많다. 오히려 흡연을 장려하기까지 한다. 이 문구를 보는 사람들은 이렇게 생각한다. '대부분이 이곳에서 흡연을 하는구나. 나 하나쯤이야 괜찮겠네.'라는 생각 말이다.

그렇다면 이 문구를 어떤 식으로 바꾼다면 흡연을 줄일 수 있을까. "이곳을 지나는 99퍼센트는 금연을 하고 있습니다. 비흡연자를 배려해주세요."라는 문구는 어떨까. 실제로 전체적으로 봤을 때 흡연하는 사람보다는 흡연하지 않는 사람이 훨씬 많다. 대부분의 비흡연자를 떠올리게 된다면 흡연자도 흡연이 그들에게 피해가 되겠거니 하고 생각하기 마련이다. 이처럼 같은 상황도 어떤 부분에 집중하느냐에 따라서 표현방법이 달라질 수 있다.

다시 약국의 상황으로 돌아가 보자. 대부분의 고객들에게 잘 듣는 약인데 환자의 의견은 다를 수 있다. 고객이 자신의 권유와 이야기에 공감하지 않는 경우도 있다. 자신의 상황은 심각하다고 믿는 사람들은 자신의 증상을 좀 더 상세하게 설명할 것이다. 그럴 때에는 경청을 하며 환자와 소통해 보자. 대화를 통해 또 다른 해결의 실마리를 발견할 수 있다.

질문으로 고객을 파악하기

"누가 드실 건가요?"라는 단순한 질문을 통해 상담의 방향을 설정할 수 있다. 구매자에게 초점을 맞출 것인지 아니면 구매자와 주사용자의 관계를 추가적으로 해야 할지 정해지기 때문이다. "과거에 어떤 상품을 사용해 보셨나요? 그 제품을 어떻게 선택하게 되셨나요?"라는 간단한 질문을 통해서 고객이 중요시하는 가치를 파악할 수 있다. 이러한 사소한 질문이 때로는 고객의 마음을 알 수 있는 단서가 된다.

상대의 머릿속에 명확하게 지도를 그려주기

과거에 신문사의 인턴기자 활동을 할 때였다. 신문사 국장님은 항상 대화를 할 때 다음의 화법을 구사했다. '이거를 해결함에 있어서는 중요하게 봐야 하는 점이 세 가지가 있어.' 첫째… 둘째… 셋째…, 이 대화를 듣다 보면 나도 모르게 머릿속에 지도가 그려지며 같은 말이라도 정확하게 꽂히게 된다. 이 화법은 듣는 이에게 정보가 들어갈 세 가지 공간을 마련하도록 도와준다. 이 이야기를 들은 상대는 들어오는 정보를 정리하기 쉬워진다.

나는 처음 이 대화법을 들은 뒤 신기해서 "국장님께서는 미리 이야기할 정보를 세 가지 정하신 뒤에 대화를 하시는 건가요?"라고 질문한 적이 있다. 그러자 의외의 답변이 돌아왔다. "아니, 말하면서 나도 생각해 내는 거야."라고.

위와 같은 화법은 듣는 이에게도 말하는 이에게도 도움이 되는 화법인 것이다. 오히려 이야기를 하다가 내용이 두서없을 경우 다시 되돌아가기도 쉽다. "아까 내가 깜빡 말을 못 했는데 이건 처음에 해당하는 이야기야!"라고 말이다. 이 방법을 통해 나의 머릿속도 정리할 수 있고 상대에게도 순서대로 정보가 전달되도록 도울 수 있다.

내가 컨설팅을 진행할 때의 이야기다. 상대가 고민을 늘어놓으면서 혼란을 느낄 때가 있다. 이때 "제가 정리를 해보면 이러한 점이 고민이시고 이를 통해 해결을 해보시려고 하셨다고 제가 이해를 했는데요. 제가 이해한 것이 맞나요?"라고 질문하면 상대는 "네 맞아요. 정리를 참 잘해주시네요!"라며 귀를 쫑끗 세우고 내가 경청해 줌에 감사를 표한다. 더불어 내가 하는 조언에 대한 신뢰도가 올라가게 된다.

혹시나 정리를 잘못하면 어쩌나 하고 걱정하거든 그 걱정은 접어둬도 좋다. 행여나 아니라면 "아~ 그게 아니고 저는요." 하고 상대는 다시 자신의 상황에 대해서 설명하게 된다. 이를 통해서 당신은 상대에 대해서 좀 더 잘 파악할 수 있는 계기가 된다.

이 화법은 단기간에 상대와의 친밀도를 급격하게 올려주는 효과가 있으며 나의 말하기 능력을 기하급수적으로 향상시켜 준다. 때문에 나는 상대와 컨설팅을 진행하거나 혹은 유튜브를 촬영하면 기회가 생길 때마다 최대한 정리를 해보려고 노력하는 편이다.

진심약사 현진의 성장일기
"불안하다면
잘하고 있는 것이다"

CHAPTER 1

이 경쟁의
끝은 어딜까?

눈물 없인 볼 수 없는 삼수일기

2011년 아침 7시, 기상했다. '일찍 일어나면 뭐 해. 내 인생은 이미 늦었는데…' 입안에 밥을 욱여넣고 성수행 열차에 몸을 실었다. 몸무게가 6kg 늘어난 탓에 앉아있을 때면 허리가 아팠다. 오늘따라 성수행 열차가 '삼수'행 열차로 들려서 기분이 불쾌했다. '내가 선택한 길인데 왜 이리 화가 날까. 나만 늪에 빠져 혼자 발버둥치는 느낌이네.' 더 이상 대화도 하기 싫었다. 친구들의 소식을 알고 싶지 않아서 카카오톡은 설치하지도 않은 상태였다.

'멈추지 말고 흐르자'는 내 인생 좌우명이었다. 어제의 나보다 나아지면 오늘의 나는 발전한 거겠지. 더 이상 주변 사람들은 기준이 될 수 없었다. 그들에게 나의 기준을 맡기는 순간 내가 느낄 낙오감은 어떤 말로도 표현하기 힘들지 않을까. 살아남기 위해 나의 기준을 나로 정했다.

인생에 '삼수'라는 주홍글씨가 새겨지는 듯했다. 이렇게 고생해서 훗날에 성공하더라도 나는 결국 삼수생 딱지를 떼지 못하겠지. 잡생각이 들 때면 마음을 다잡기 위해 어디선가 스치듯 떠올랐던 명언들을 공책에 적어 내려갔다. 인생이 살얼음판 같았다. 그럴 때마다 스스로를 다독였다. '괜찮다. 누구에게나 각자의 속도와 방향이 있으니까.'

점심시간에 떠드는 학우들이 야속했다. 옆자리 짝꿍과는 말을 섞고 싶지 않았다. 앞으로 내 인생에 휴식은 없을 것만 같았다. 바쁘게 달려가야 했기 때문이다. 짝꿍의 얼굴보다는 그 친구의 필통을 바라보는 일이 익숙했다. 인생은 게임이 아니었다. 게임 캐릭터는 원치 않는 방향으로 크면 전원을 끄고 다시 실행하면 되던데, 인생은 말 그대로 실전이었다. 어릴 적 나는 아직 걸음마도 떼지 못한 시절부터 달리려 하지 않았나, 그만큼 마음 급한 나였다. 하지만 한 가지만은 분명했다. 되돌릴 수 없으니 절대 더 늦진 말자. 달리진 못하더라도 멈추진 말자, 최소한 흐르기라도 하자.

모의고사 성적은 작년에 비해 훨씬 좋았다. 취약했던 국어 성적은 6월과 9월 모의고사에서 당당히 100점을 획득했고 원래부터 좋아하던 영어는 문제없이 100점이었다. 점수마저 날 배신한다면 견딜 수가 없을 것 같았다. 대망의 수능 날, 날씨는 여지없이 얼어붙었고 고사장으로 향하는 내내 나는 스스로에게 최면을 걸었다. "나는 실전에 강하다. 나는 운이 좋다." 최면이 과한 탓인지 긴장 탓인지 계속해서 헛구역질이 새어나왔다.

외국어 영역(당시 영어)이 예년에 비해 쉽게 나왔고 주력과목인 영어의 표준 점수가 걱정이 됐다. 속이 아픈 나는 엎드렸다. 그때 나의 시야에 시험문제 하나가 눈에 들어왔다. '검토나 해볼까?' 하는 생각으로 문제를 살폈다. 문제는 틀린 보기를 고르라고 지시하고 있었다. 하지만 검토해 보니 나는 문제에서 '옳은 보기'를 찍은 것이었다. 소름이 쫙 돋았다. 올라오는 헛구역질을 가라앉히며 재검토를 마쳤다. 아침에 챙긴 녹차가 이렇게 든든할 줄은 몰랐다.

수능을 마친 뒤 엄마를 기다리며 나는 나무를 잡고 계속 헛구역질을 해댔다. 온몸에 소름이 돋았다. 채점 결과, 6월과 9월에 100점을 맞았던 언어영역은 2등급 커트라인을 간신히 넘겼고, 믿었던 외국어는 100점이었으나 난이도 조절 실패로 98점부터는 2등급이었다. 자칫 잘못했다면 1년을 또 날릴 뻔한 것이다. 외국어가 주력과목이었던 나는 눈앞이 캄캄해졌다. (당시에는 표준 점수가 중요했음.)

삼수생, 드디어 꿈의 대학에 가다

수능 성적표를 받는 순간 지난 수험생 시절이 머릿속에 주마등처럼 스쳐 지나갔다.

나는 충청북도 청주 출신이다. 우리 고등학교는 당시 내가 첫 기수인 신설이었고, 인프라가 좋지 못했다. 인터넷 강의라는 개념도 우리에겐 생소했다. 그때 당시 인터넷 강의를 들을 수 있었던 PMP라는 기계 역시 생소했고 인터넷 강의를 듣는 학생도 많지 않았다. 어떤 인강 강사가 유능한지 알 길이 없었다.

고등학교 3학년 영어 과목 첫 시간에『수능특강 - 유형편』한 권을 수능 칠 때까지 전부 못 끝냈으며 동급생 중 수리영역 모의고사 1등급은 전무했으니 학교의 분위기가 어땠는지 짐작할 수 있을 것이다. 고등학교 3학년 첫 수능, 자신 있다고 생각했던 영어 100점을 제외한 나머지 과목은 형편없었다. 수리영역 가형 4등급. 나는 인서울이 불가능한 성적이었다.

내가 본격적으로 공부를 하기 시작한 계기는 '김연아' 선수를 선배로 맞고 싶은 바람에서 시작됐다. 참 터무니없었다. 무식한 자가 용감하다고 하는가. 고등학교 3학년 3월 모의고사가 끝난 날, 나는 교실에서 내가 올릴 수 있을 성적을 시뮬레이션해 봤다. '언어영역은 열심히 하면 2등급, 수리 영역은 3등급, 외국어

영역은 1등급, 과학 탐구는 열심히 올리면 3등급은 받을 수 있겠지. 이 성적을 가지고 나는 고려대학교에 갈 거야.' 이것이 나의 드림 성적표였으며 고등학교 시절 나의 시뮬레이션이었다. 재수를 고려한 상태였다.

서울로 상경해 재수학원에 다녔다. 수학 성적이 점차 오르더니 급기야 마지막 10월 모의고사에서는 난생처음 1등급을 확보했다. 성적표를 받고 표준점수를 계산해 보니 작년에 비해 수학 성적이 기하급수적으로 상승했다.

수능 성적표를 받고 배치상담표에 내 성적을 환산해 줄을 그어봤다. 현역 때와 비교해 봤을 때 수리영역 4등급에서 2등급, 상단과 외국어 100점을 제외하고는 그대로였다. 수리영역, 외국어영역에 높은 가중치를 두는 학교에 가기엔 성적이 아쉬웠고, 언어영역이 들어가는 순간 불리한, 말 그대로 애매한 성적이었다. 김연아 선수의 얼굴이 떠올랐다. '에잇, 까짓 거 한 번 더 하지 뭐' 그렇게 시작한 삼수였다.

삼수 끝에 성적표를 받아들었다. 배치표에 환산 점수를 넣고 줄을 그어보았다. 수능으로부터 나를 어서 탈출시키고 싶었다. 고려대학교 우선 선발. 나는 성공한 인생이었다. 나의 동문이 '김연아'라니, 모든 순간이 행복했다. 곳곳에서 축하의 메시지가 쏟아졌다.

사람이란 얼마나 간사한 동물인가. 불행하다고 생각했던 내 삶은 어느새 축복으로 가득했다. 그동안 다니고 싶었던 운전면허증 학원에 다녔고, 아르바이트도 알아봤다. 수험표를 출력해서 수험생이 받을 수 있는 모든 혜택을 받으러 열심히 다녔다. 모든 곳이 나만을 위한 공간 같았다. 학교에 미리 등교해 호랑이가 그려진 티셔츠와 스티커를 샀다. 온 세상이 내 편 같았다. 적어도 첫 등교까지는 말이다.

단 한 명이 될 수 있을까?

합격 통지표를 받고 과 단체 카톡방에 초대된 후 나는 동기들 중에 나와 나이가 같거나 많은 사람을 찾았다. 동갑은 한 명, 언니도 딱 한 명 있었다. 동기들이 나를 부를 때의 호칭은 '누나' 혹은 '언니'였다. '그렇구나, 좀 열심히 살아야겠네?' 더 이상 늦었단 이야기는 듣고 싶지 않았다. 그래, 나잇값은 해야겠다. 이왕 이렇게 된 거 삼수생의 저력을 보여주리라.

첫 등교였다. 지하철을 타고 고려대학교 안암역으로 향했다. "이번 역은 안암, 안암역입니다." 안내에 맞추어 수백 명이 일제히 지하철에서 내렸다. 모두 함께 고려대학교를 대표하는 크림

슨색 야구 잠바를 입고 내렸다. 안암역이 가득 찼다. 무리에 섞여 학교로 향하는데 문득 이런 생각이 들었다. '이들 중 나는 어떤 경쟁력이 있을까?' 이제 막 20대에 들어선 나에게는 중요한 문제였다.

지방에서 상경해 꿈의 학교에 온 것으로만 나는 내 삶에서 성공했다고 생각했었다. 목 터져라 교가를 부를 때, 입실렌티 행사에 참여해 고려대 구호를 외칠 때 나는 세계 최고의 대학에 다닌다고 생각했다. 그런데 동문들 중 과연 나는 어떤 존재로 기억될 수 있단 말인가. 나이 말고 뭐가 있을까. 다른 동문에게 나란 사람은 과연 어떤 이미지일까. 언젠가 고려대학교 점퍼를 벗는다면 나는 그 순간부터 나로서 존재할 수 있을까. 그저 고려대학교 구성원이 된 것에서 그치고 싶지 않았다. 인생에서 자랑스러운 순간은 이후로도 계속되어야 했다. 나는 멈추지 말고 다시 한번 흘러야 했다.

명문대라는 사실 외에는 내게 경쟁력이 없다고 느꼈다. 내가 먼 훗날 동문들과 사회에서 만난다면, 그들 속에서 내가 생존할 수 있을까. 당시에는 막연하게 이런 생각을 했다. '그래 가장 보수적으로 생각했을 때 과에서 가장 멋진 한 명은 생존하겠지. 그게 과연 나일까?' 이런 생각이 들자 불현듯 두려워졌고, 그때부터 학점관리를 시작했다. '아직도 나의 경쟁은 끝나지 않았구나. 쉬는 순간 나는 다시 낙오될 수 있겠구나.' 불안했기에 그 흔한 동아리 하나도 들을 수 없었다. 수업을 들은 후 철저히 복습했다. 그 결과 3학기 동안 장학금을 받을 수 있었다. 고려대학교 시설인 하나스퀘어 열람실을 누구보다도 사랑한 나였다. 한편으로는 언제까지 이렇게 달려야 하는지 하는 의구심이 들었다.

잘 있어라 막걸리 새끼들아?

학교에서 동기들과 잘 어울리지 못하는 나를 원석이가 많이 도와줬다. 원석이는 부산 출신으로 초반에는 어색한 존댓말을 구사하더니 그냥 친구를 하기로 했다. 나를 '누나'라고 부르던 친구들 사이에서 친구가 생기니 한편으로는 마음이 편했다. 원석이는 외국인과도 잘 어울리고 특유의 유머가 나와 잘 맞아서 함께하면 유쾌했다. 원석이 덕분에 즐거운 학교생활을 할 수 있었다. 모임이 있을 때면 내가 소외되지 않도록 나를 살뜰히 챙겨줬다. 삼수 생활을 겪으며 어둡게 변했던 성격들이 하나하나 밝아졌다. 소심하던 성격에서 사람들에게 다가갈 수 있는 성격으로 변했다. 지방에서 올라와 어리바리하던 나에게 큰 도움을 주었다.

전설의 사진이 있다. 고려대학교 커뮤니티에 한 재학생이 연세대학교 치대에 합격했다며 글을 남긴 것이다. 글 제목은 '잘 있어라 막걸리 새끼들아'였다. 이 글은 학부생들 사이에서 회자되었고, 이 글을 두고 줄임말로 '잘막새'라고 불렀다.

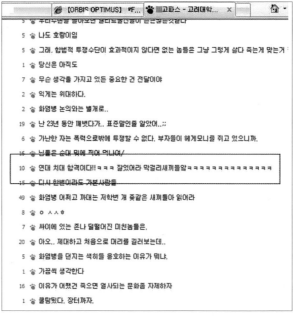

▲ 고려대학교 온라인 커뮤니티 게시판

대학입학에 늦었다고 불안했던 나는 당시 학점관리에 충실했다. 학점관리를 하다 보니 약학대학 입시가 눈에 들어왔다. 약대 진학은 대학 정규과정을 2년 이상 수료한 뒤 'PEET'라는 약학대학입문자격시험을 친 후 당시 35개의 약학대학에 원서를 넣어 지원하는 구조였다. 약대 입시과정에는 PEET시험과 대학교 학점, 공인인증 영어점수, 자기소개서가 필요했다. 학점과 영어점수가 자신 있는 나에겐 꽤 유리한 조건이었다. 소위 '잘 막새'의 주인공이 될 수 있는 기회였다.

약대 입시를 준비하며 지영이를 알게 됐다. 지영이는 밝고 함께 있을 때 항상 좋은 일을 가져다주는 멋진 친구다. 시험기간이면 지영이와 나는 아침에 첫차를 타고 와 하나스퀘어 열람실의 아침을 열었다. 특히 지영이는 상대의 장점을 잘 파악해서 상대를 높여주는 멋진 화법을 가졌다. 누구를 만나든 그 사람의 멋진 점을 파악하고 이를 알려주는 능력이었다. 이러한 능력은 지영이를 더욱 더 매력적인 친구로 만들어주고 이 친구 곁에는 사람이 끊이지 않았다. 이 능력을 나도 배우고 싶어서 꽤나 노력을 했다.

약대 입시준비를 지영이와 함께했다. 함께하는 동료가 있다는 것은 축복이자 행운이다. 그 덕에 약대 입시과정에서 스트레스를 받아도 슬기롭게 해결해 나갈 수 있었다. 그리고 지영이와 나는 각각 중앙대, 이화여대 약대 진학에 성공했다. 계획대로였다면 나는 이제 불안하지 않았어야 했다. 모든 삶이 평탄해야했으며 인생을 즐기고자 했다.

CHAPTER 2

불안의 이유를 진단합니다

꿈에 그리던 초록빛 대학생활 5개 동아리, 그 결과는?

약학대학 동기 중에는 동갑친구들이 많이 보였다. 묘한 안도감이 들었다. 이제 내 인생은 여기서부터 시작이라는 생각이 들었다. 인생은 거대한 마라톤이다. 마라톤의 끝은 저 멀리 있고, 삼수를 한 나는 경기 초반부에 잠시 앉아서 쉰 셈이라고 할 수 있었다. 그러니 이제부터 달린다면 순위를 뒤집을 수 있지 않을까.

약대 합격증을 받아 든 순간 여유를 좀 부려도 되겠단 생각이 들었다. 이제부터 정말 꿈꾸던 모습대로 살아야겠다. 이전에 학교를 다닐 때 즐기지 못했던 학교생활을 마음껏 즐기려고 했다.

내가 바라는 20대의 내 모습에는 3가지 요소가 있었다. 첫 번째는 어디 가든 사람들이 찾는 매력적인 사람이었다. 항상 나는 군중 속에서 빛나는 사람들을 동경해 왔다. 적재적소에 알맞은 유머를 구사하고 소위 센스를 구비한 사람이 되고 싶었다. 둘째는 높은 학점 등 사회적으로 증명될 수 있는 능력을 갖춘 사람이었다. 마지막으로 20대에 누릴 수 있는 멋진 활동들을 모조리 다 경험하고 나만의 사업을 하고 싶었다.

약대에 입학 후 활발해 보이는 동아리는 모두 다 지원했다. 동아리에서 진행하는 활동에 매력을 느낀 것도 있지만 해당 활동을 즐기는 친구들의 에너지를 배우고 싶었다.

최종적으로 나는 봉사동아리, 오케스트라동아리, 스키·스노우보드 동아리, 댄스동아리, 한국약대생연합 KNAPS 의 문서국에 가입했다. 나는 춤에 소질이 없었는데, 춤 동아리에 가입하고 싶어 몰래 춤 학원에서 개인교습을 받고 갔다. 20년간 춤을 춰본 적이 없는 나의 춤 실력은 여전히 형편없었다. 하지만 면접 전 화장실에서 가입을 희망하는 친구들과 서로 연습한 춤을 점검해 주고 있던 모습을 동아리 선배가 좋게 봐줘서 우리는 전원 합격할 수 있었다.

실력이 없다 보니 춤 동아리 내에서도 나는 구멍 같은 존재였다. 남들보다 더욱 더 많이 연습해야 했다. 전공수업과 동아리 활동을 병행하자니 쉽지 않았다. 욕심이 많아서 수업은 또 맨 앞자리를 자처했다. 하지만 체력부족으로 나는 어느덧 맨 앞자리에서 꾸벅꾸벅 조는 학생으로 유명했다.

학점은 낮았고, 나중에는 졸업 후 낮은 학점에 대한 변명을 어떻게 해야 할지 고민만 늘어갔다. 항상 피곤했고 한 번도 받아본 적 없는 성적에 자존감은 낮아졌다. 동아리마저도 따라가기 어려웠다. 악순환의 반복이었다. '낮은 학점에 대한 변명으로 다양한 대외활동을 했다고 해야겠다.'라는 생각을 하는 내가 스스로 한심했다. 대외활동은 더 이상 즐기지 못하고 부담스러웠다. 다섯 개의 동아리에서 활동했지만, 낮은 학점을 방어하기엔 턱없이 부족할 것 같다는 생각이 들었다.

시험기간, 그 극한의 스트레스

숨이 벅차왔다. 시험기간이 너무 두려웠다. 본래 나는 벼락치기에 강한 스타일이 아니었다. 시험기간에 공부를 하는 것도 아니었고, 그렇다고 노는 것도 아니었다. 의미 없이 밤을 새우는 기간만 길어졌다. 이 주가 훌쩍 넘는 시험기간은 스트레스 그 이상도 이하도 아니었다. 다만 잠까지 잔다면 내 스스로가 한심할 것 같았다. 모든 활자를 토씨 하나 틀리지 않고 암기를 하는 친구들이 사무치게 부러웠다. 눈물을 흘리며 "다들 암기머신이야. 나는 절대 안 돼."라고 좌절했다. 시험 전날 공부를 시작한 친구들이 시험 날만 되면 모든 것을 습득해 오는 그 비결이 너무 부러웠다.

주변 사람들은 내게 하나같이 말했다. "졸업만 하면 결국 약사야. 뭐가 걱정이니?" 그런 소리를 듣기 싫었다. 개성을 잃은 채 단순히 직업에 묻혀서 살기 싫었다. 그런데 나는 해당 직업에서 선두주자조차도 아니었다. 한 마디로 용의 꼬리 중에서도 꼬리였다. 나로 인해 집단의 평균이 낮아지는 건가? 나를 소개할 수 있는 다른 방법은 대외활동을 많이 한 사람이라는 점이었다. 하지만 그것 외에 또 뭐가 있단 말인가. 뭔가 화끈한 해결책이 필요했다.

기자 생활에서 숨통이 트이다

본래 나는 글쓰기를 좋아하던 아이였다. 어릴 적엔 자그마한 노트를 가지고 다니다가 시상이 떠오를 때면 시를 쓰곤 했다.

하지만 나이가 들자 글쓰기를 다듬어줄 사람을 찾기도, 그럴만한 기회를 갖기도 어려웠다.

인생은 신기하게도 내가 끊임없이 어떤 문제에 대해 고민하다 보면 적절한 해답이 보이기 마련이다. 지금껏 나의 삶은 어떤 문제로 끙끙대고 있으면 적재적소에 귀인들이 나타나서 속 시원한 해결책을 보여줬다.

그러던 중 헬스경향 신문사에서 인턴기자를 모집했다. 고민할 것도 없이 바로 지원했다. 단지 글을 잘 쓰고 싶었을 뿐인데 신문사는 글뿐 아니라 새로운 세상을 열어줬다. 새로운 대표님을 만나 인터뷰를 진행하고, 인터뷰 중 이해가 가지 않는 경우에는 대표님께 직접 전화를 걸어서 의견을 여쭐 수 있었다. 수업 도중 공백시간이 있을 때면 신문사로 향해 시간을 보내고 올 정도로 흠뻑 빠져서 생활하곤 했다.

단순히 글을 잘 쓰고 싶어서 들어간 신문사가 내 인생을 바꾸는 계기가 되어줄 줄은 몰랐다. 신문사를 통해서 여러 기업 회장님들을 만났다. 그중 가장 인상에 남았던 사람은 원희목 제약협회 회장님이었다.

꼬마인 내가 고민을 말할 때면 100프로 당신의 일처럼 집중을 하며 함께 고민해 주셨다. 확실한 것은 그동안 내가 봐온 어느 어른들과는 다른 분이었다는 점이다. 성공도 하고 반짝임을 잃지 않는 모습, 현실에 안주하지 않고 지속적으로 변화를 추구하는 모습에 많은 자극을 받았다. 회장님께서는 인생에 있어 남들이 기피하는 것 아니면 새로운 것을 추구하는 분이었다. 그리고 그 생각이 옳다는 판단이 들면 꼭 실행으로 옮기는 행동력이 있었다. 회장님의 말씀을 들으면서 결심했다. 나도 언젠가는 다른 이들에게 방향성을 제시하는 멋진 삶을 살고 싶다고.

남들과 다른 삶, 변화를 꿈꾸는 삶을 살아가려면 기존의 삶을 전부 버려야만 하는 걸까. 나는 내가 약사가 되기 위해 노력한 과정을 다 뒤엎고 싶지 않았다. 약사의 직능을 겸비한 채 충분히 새로움을 추구할 수 있을 것만 같았다. 한 가지 결심했다. 현재 하고 있는 일 속에서 반드시 새로운 일을 물색하겠다고. 지금까지 걸어온 나의 길을 버리지 않겠다는 일종의 오기가 생겼다.

기자생활을 하며 정말 다양한 경험을 했다. 다음의 기사는 내가 플라잉보드를 타며 체험기를 작성한 원문이다.

"더 이상의 자유는 없다고 좌절했을 때 이카로스는 하늘을 바라봤다. 새의 깃털과 밀랍으로 만든 날개와 함께라면 이 끔찍한 미궁에서 더 이상 맥없이 앉아 있을 이유도 없거니와 장애물 없는 넓은 하늘로 뻗어진 길을 통해 어디든 도달할 수 있다는 생각이 아니었을까.

이처럼 사람들의 마음속에는 항상 자유롭게 하늘을 날고 싶다는 염원이 존재한다. 플라잉보드(flyingboard)는 이러한 사람들의 바람을 충족시키는 첫걸음이다. 더욱이 발상의 전환이 놀랍다. "동력원을 날개로 생각할 것이 아니라 사람이 자연스럽게 땅에서 걷듯이 추진체 역시 발에 있어야 한다." 놀라웠다.

두려움 반 설렘 반으로 보드용 신발을 착용해 추진체에 연결했다. 흡사 슈퍼보드 같다. 이어 마음의 준비를 끝내고 물속으로 뛰어든다. 하늘로 떠오르기 전 물에서 슈퍼맨자세로 대기했다. 머리에 연결된 헤드셋을 통해 오른쪽이라는 소리가 들리면 팔을 오른쪽으로 뻗고 왼쪽이라는 소리가 들리면 반대로 뻗으면 된다. 이처럼 간단하게 하늘로 솟을 준비가 끝났다.

플라잉보드는 결코 어려운 스포츠가 아니었다. 물속에서 다리를 굽히지 않고 곧게 설 수만 있으면 곧바로 하늘 위로 떠오르기 때문이다. 약 2분 만에 하늘로 떠올랐다. 시원하다. 하늘을 날 듯한 기분이 이런 것이었구나! 아직 익숙지 않아 공중에서 계속 서 있기는 어려웠지만 아기가 완벽히 걷기까지 얼마나 많이 넘어지는가를 생각해봤을 때 '나는 것'이 몸에 익숙해지기까지는 얼마나 금방인가.

플라잉보드를 체험하다 보니 막히는 차들 사이로 훌쩍 날아오르는 플라잉 에어보드의 출현이 머지않은 미래라는 생각이 들었다. 이제 더 이상 김소월 시인의 시 '길'에서 '여보소 공중에 저 기러기 공중엔 길 있어서 잘 가는가?'에 대한 해답을 기러기에게 묻지 않아도 된다. 공중을 자유롭게 나는 일, 이제 더 이상 상상 속의 일만은 아니다."

—『헬스경향』, '['플라잉보드' 체험기]
어렵지 않게 하늘로 날아올랐다…이것은 자유!', 2017.08.22.

멋진 대표님들의 도전 가득한 인생스토리를 접하며 또 새로운 체험을 하면서 미래에는 나도 성공한 사람 대열에 합류하고 싶었다. 간절한 마음으로 기회가 될 때마다 어떤 인생스토리를 가지고 있는지 여쭤봤다. 관심분야에 종사하고 있는 대표님을 만나면 사전에 자료를 조사해서 인터뷰를 따내기도 했다. 각 분야에서 성공하신 분들에 대한 궁금한 점을 마음껏 질문할 수 있었던 소중한 시간이었다.

사업 노하우 외에도 나는 성공한 삶을 영위하는 당신들의 사업가 정신이 부러웠다. 어떤 마음으로 인생을 주도적으로 이끌 수 있는지 그 비결에 대해 틈만 나면 물어봤다. 그 결과 성공한 그들과 평범한 우리에겐 분명한 차이점이 있었다.

호스트워커를 만나다

앞에서 언급한 '우리'란 누구를 지칭하는 걸까. '우리'란 평범한 직장인들을 일컫는다. 아침에 겨우 일어나 아이스 아메리카노 한 잔을 주문한다. 카페인에 의지해 다리를 질질 끌며 출근하는 우리들. 바로 현대판 좀비요, 월급루팡이다.

잠자리에 들 때 내일이 기대되지 않거나 아침에 일어날 때 오늘 무슨 일을 해야 할지 명확하지 않다면 목표가 결핍된 것이다. 혹시 이 말을 듣고는 '난데?' 라는 생각이 든다면 당신은 이미 현대판 좀비다. 좀비들은 지친 삶에 대한 치유를 하기 위해 휴식을 취하거나 좋은 휴가를 찾아 떠난다. 휴가에서 삶의 달콤함을 느끼고 일상으로 복귀하고 나면 금세 탈진해 버리기 마련이다. 이는 지친 삶에 대한 근본적인 해결이 되지 않았기 때문이다.

성공한 사람들은 버거울 것 같은 일상을 괴물과 같이 소화해 낸다. 하루 스케줄을 듣고 나면 '와 쟤는 지치지도 않나봐…' 하는 생각이 드는 사람들. 나는 그들을 '호스트워커Host Worker'라 부른다. 호스트워커와 평범한 우리의 차이점은 바로 삶에 대한 주인의식이다. 호스트워커는 삶을 주도적으로 이끈다. 그렇다면 어떻게 그들은 호스트워커가 되었을까.

우리는 학창시절에 정해진 시간표에 의거하여 많은 교과목에서 좋은 성적을 받고, 칭찬받는 학생이 되기 위해 노력했다. 학원에서는 중간고사와 기말고사에 좋은 성적을 내는 것에 치중했기에 떠먹여 주는 학습을 시켰다. 결국 점점 요약본, 암기법에 익숙해져만 간다. 틀에 맞춰 생각하다 보니 잠재력과 가능성을 잃어간다. 우리에게 결핍된 것은 창의력이었다. 거대한 틀에 나를 맞추기 위해 노력하고 거대한 톱니바퀴 속 광택이 나는 부품이 되길 갈구했다. 나 또한 색채를 잃는 삶을 살아오고 있었고 그에 익숙해져서 빛이 바래가고 있었다. 참 무서웠다.

그렇게 졸업을 하게 되면 어떻게 될까? 월급루팡이 되기를 바라며 시간은 시간대로 때우면서 제때 들어오는 월급에 소소하게 행복을 추구하는 삶을 살게 되는 걸까. 주변에 자신을 월급루팡이라고 소개하는 지인들을 보면 도무지 행복해 보이지 않았다. 월급루팡은 거대한 기업의 부품일 뿐 자신의 삶을 살아가는 호스트워커가 아니었다. 열심히 일해 봤자 남 좋은 일이기에 행복할 수가 없는지도 모르는 일이었다. 동일한 근로시간 동안 동일한 월급을 받으며 사는 것. 꾀를 부리면 노동력에 대한 단가가 올라가는 구조.

문득 그런 생각이 들었다. 나도 내 삶의 주인이고 싶다. 나의 브랜드 구축을 위해 살아가고 자기성장, 자기계발에 시간과 온 노력을 쏟아부어 나의 가치를 높이고 싶다고. 그 방법에 대한 탐구를 계속했다. 나는 내 직업을 버리지 않으면서 또 새로운 삶을 추구하고 싶었기 때문이다. 그러한 고민을 계속하던 차에 만난 원희목 회장님께서 이런 말씀을 하셨다.

"동굴 속에는 두 사람이 살고 있다. 한 명은 동굴 속에 가만히 앉아 하늘을 보는데 그게 전부인 줄로만 안다. 견문은 그 이상 넘어갈 수 없으며 가슴 뛰는 새로운 일도 없다. 세상은 너무도 뻔하고 따분하다. 반면 또 다른 사람은 동굴 안팎을 돌아다니며 하늘을 보게 된다. 동굴 속에서 보던 둥근 하늘을 밖에서 다양한 각도로 관측하니 넓게도 보이며 좁게도 보인다. 같은 세계지만 둘의 하늘은 그야말로 천지차이이다. 월급루팡은 전자에 해당하고 호스트워커는 후자다. 회사는 껍데기에 지나지 않았다. 회사든 약국이든 결국 중요한 건 삶에 대한 주체성에 있었다. 둘의 미래는 앞으로 어떻게 달라질까?"

월급루팡은 반복 업무에 강해진다. 빠른 손을 지녔다. 하지만 다가오는 미래에는 대체가 될 가능성이 항상 존재한다. 행복이 외부에 의해 좌지우지된다. 회사의 연락이 두렵다. 월급이 통장에 입금될 때 가장 행복하다. 월급이 통장을 스치듯 행복도 통장을 스친다.

호스트워커는 자신의 삶을 영위한다. 조직에 속해서 언제든 새로운 방법, 해결책을 도모하고 조직에 속하지 않는다면 새로운 문제점을 발견하고 해결해 나간다. 자신이 삶의 주인이고 개별 브랜드를 구축했다. 자신의 브랜드가 중요하기에 어떤 일도 대충 하는 법이 없다. 사람들에게서 도움이나 조언을 구하는 연락을 받게 된다.

진심으로 나는 호스트워커가 되고자 했다. 하지만 뚜렷한 방법이 떠오르지 않았다. 돌이켜 생각해 보건대 가장 큰 문제점은 내게 주어진 업무 프로토콜 이외의 새로운 것을 도입하는 데 주저해 왔다는 점이다. 정해진 길 이외의 새로움을 추구할 때 남들의 시선을 의식했으며 혹여나 실수할까 불안했다. 그러다 보니 자꾸만 이런 생각이 드는 거였다. "에이~ 시키는 것도 잘 못하는데 무슨 새로운 일을 해."라고 말이다. 마음 한편 타오르는 갈망을 묻어둔 채, 그렇게 세월만 흘러갔다.

석사생활에서 답을 찾다

졸업시즌이 되니까 불안감이 심해졌다. 졸업 후 사회에 나갔을 때 과연 내게 어떤 경쟁력이 있을까라는 생각이 스치듯 들었다. 나는 조직에 속하고자 했다. 나는 누구인가. 낮은 학점 때문에 들었던 동아리 5개는 경력 사항에 활용하기 참 애매했다. 시뮬레이션을 돌려보았다. "왜 이렇게 학점이 낮아요?"라는 질문에 "대외활동으로 다양한 경험을 쌓았습니다."라는 대답을 내놓는다면 어떨까. 구차한 변명 같단 생각이 들었다. 이대로 가다간 인생 자체에 대한 자신감이 사라질 것만 같았다. 정말 큰 문제였다. 앞으로 어떤 일에도 도전할 수 없을 것만 같았다.

약학대학 교과과정상 6학년은 실습학기다. 대부분의 학교가 약국, 병원, 제약회사, 학교 연구실 중 한 곳에서 10주간 실무 경험을 익힌다. 나는 졸업 후 진로에 대한 뚜렷한 방향성을 탐구하고 스스로 재정립할 시기가 필요했다. 이대로 졸업했다가는 동기들에 비해 경쟁력을 갖출 수 없을 것만 같았다. 갈 길이 확실하지 않은 나에게 '대학원'이라는 선택지는 참 매력적으로 다가왔다. 약대생 시절 친해진 대학원생에게 조언을 구했더니 그가 한 연구실을 추천해 주었다. 그리고 그 연구실에서 심화실습을 해보고 결정하기로 마음먹었다.

그렇게 이화여자대학교 생물약제실 생활을 처음 접하게 되었다. 지도교수님이신 사홍기 교수님께서는 진정한 연구자의 모습을 보여주셨다. 실험이 해결되지 않을 때면 오차 원인에 대해 함께 토의를 해보는 생산적인 시간을 가졌다. 내가 학부생임에도 불구하고 해외 약제학회의 포스터발표 기회를 만들어주셨다. 교수님의 가장 매력적인 점은 내가 나에게 할당된 업무를 마치면 자유시간을 인정해 주신다는 점이었다.

심화실습을 하고 나니 2년간 실험실에서 꿈도 생각해 보고 석사라는 경쟁력을 갖추는 것도 좋겠다는 확신이 들어 대학원에 진학하게 되었다. 그리고 이것이 내 인생에 있어서 큰 터닝포인트가 될 줄은 그 당시에는 전혀 알 길이 없었다.

우리 방은 1인 랩실로 다양한 기계들을 혼자 다룰 수 있다는 특장점이 있었다. 나는 본래 하나의 업무에만 집중하기보다는 다양한 일들을 동시에 다루고자 했기에 그런 점이 마음에 들었다. 또한 1인 랩실이라 선배 혹은 후배의 눈치를 볼 이유도 없었다. 시간 스케줄을 마음껏 잡을 수 있었고 의미 없이 소모하는 시간을 최소화할 수 있었다.

식사 메뉴도 필요에 따라서 달라졌다. 김밥이나 인스턴트 음식으로 요기할 때도 있었고, 때로는 식당에 들어가 그럴듯한 밥 한 끼 먹을 때도 있었다. 중간중간마다 실험계획을 교차해 잡아서 이리 뛰고 저리 뛰고 일 년을 정신없게 보냈다. 업무가 바쁠

때에는 아침 8시부터 저녁 10시까지 실험을 진행하고 학교 앞 댄스학원에서 춤 실력을 갈고 닦았다. 땀을 뻘뻘 흘리며 춤을 춘 다음에는 학교 앞 동전노래방에서 노래 서너 곡 부르고 기숙사에 들어가곤 했다. 바쁘게 일과를 마친 후 기숙사로 돌아가던 그날 발걸음은 가볍고 코끝을 스치는 밤공기가 참 좋았다.

교수님께서 실험 방향에 대한 피드백을 구체적으로 제시해 주셨고 그에 따라서 실험을 열심히 진행했다. 학교의 SEM기계는 노후했다. 전원이 켜지는 데만 적어도 30분은 걸렸다. 이를 시간활용의 기회로 삼았다. 이를테면 SEM기계의 전원을 켜놓는다. 동시에 한 번 돌리고 식히는 데 오래 걸리는 TGA를 중간에 실행시키고 다음의 샘플을 합성하는 식이었다. 알람은 필수였다.

이 모든 것들이 실험 기계를 나 혼자 쓸 수 있다는 점 덕분에 가능했다. 따라서 모든 스케줄을 내 위주로 정할 수 있었고 업무효율이 높을 수밖에 없었다. 이를테면 미립구를 합성하다가 중간에 논문 번역을 하는 식이었다. 모든 것은 내가 하기에 달려 있었다. 그런 시스템이 너무 만족스러웠다. 그 결과 다음 해 SCI급 저널에 논문 2편을 실을 수 있게 되었다. 제1저자로 말이다. 석사로서는 드문 경우였다. 7월이 지나가니 교수님께서 어느 정도 자유롭게 시간을 보낼 수 있도록 허락해 주셨다. 이후 내 생활엔 큰 변화가 생겼다.

CHAPTER 3

갑자기 닥친
미래

알파고가 바둑 둘 땐 몰랐던 이야기

19세기 초반 영국 산업혁명이 일어났다. 기존의 방직업, 양모 공업은 가내수공업 방식으로 생산됐다. 가내수공업 방식은 시간도 오래 걸리고 생산량도 적을 수밖에 없었다. 이후에 방적기, 직조기 등의 기계가 도입됐다. 기계가 인간의 육체적 노동을 대신하게 된 것이다. 순식간에 일자리를 잃은 노동자들은 분노하여 기계를 파괴하게 된다. 이를 러다이트 운동이라고 한다.

하지만 이후 어떻게 되었는가. 결국 인간 노동력의 대부분이 기계로 대체되었다. 인간의 단순 노동이 자동화된 것이다. 학교에서 배운 지식을 현장에 적용하는 전문직이 적게 일하고 많이 버는 직업이 되었다. '지식'이 중요해진 것이다. 또한 새로운 직업이 탄생했다. 디자인, 패션, 교육 등이 떠오르게 되었다. 직업이 변화한 것이다.

이후에 직업은 화이트칼라와 블루칼라로 나뉘었다. 화이트칼라는 관리직, 전문직, 사무직으로 책상에 앉아서 하는 직업군이며 블루칼라는 현장작업을 주로 하는 직업군이다. 많은 사람들이 화이트칼라를 선호하기 시작했다. 즉 자신들의 지식을 활용하는 직업을 선호했다. 대부분의 화이트칼라 직업은 책에 나오는 이론을 학습하여 완전히 암기한 뒤 적재적소에 적용하는 것이 중요했다. 학생들의 능력을 평가하는 시험 또한 대부분 객관식으로 이루어졌다.

2016년 3월, 갑자기 AI와 사람의 대결이 전 세계의 이목을 끌었다. 바둑에 대해 알지 못하는 나조차도 소식을 여러 번 접했다. 이게 무엇을 의미하는지, 왜 화제가 되는지 당시에는 진정한 의미를 이해하지 못했다.

이세돌 9단의 사전 인터뷰를 보면 5대0 혹은 4대1로 승리를 예감하고 있었다. 하지만 결과는? 반대였다. 이세돌 9단은 4대1로 패배를 하고 말았다. 방송 등에서는 마지막의 한 판의 승리에 주목하며 아직 기계는 부족함이 많고 인류는 결국 승리할 것이라는 메시지를 그리고 있다. 하지만 적어도 미래를 준비하려면 위기의식을 갖는 것이 맞다. 옳다. AI는 우리에게 잠시의 유예기간을 준 것이나 마찬가지다.

존 헨리의 이야기를 아는가. 존 헨리는 산을 뚫는 흑인 인부다. 그는 동료들 중에 가장 빠르고 강력한 힘을 지녔다. 이때 '증기드릴'이 등장한다. 한 세일즈맨은 증기드릴이 사람을 능가하는 힘을 가졌으며 이제는 더 이상 인부를 고용할 필요가 없다는 이야기를 한다. 존 헨리는 증기드릴에게 결투를 신청한다. 다시 한 번 기계와 인간의 싸움이 시작된 것이다. 존 헨리는 승리했고 이후에 초인적인 힘을 발휘한 존 헨리는 승리를 외친 뒤 사망했다. 이것이 우리가 단순히 이세돌의 1승에 기뻐하고 안심할 수만은 없는 이유이다.

현실을 살펴보자. 이세돌은 자신의 직업이 머지않은 미래에 대체될 것임을 직감하고 은퇴를 결심한다. 바둑은 사고를 필요로 하는 일이었다. 하지만 AI는 인간의 영역이라고 생각되었던 판단마저도 따라잡게 된 것이다. 또다시 새로운 산업혁명이 시작된 것이다. 현재 직업의 존립여부에 대해 생각을 해 봐야 할 것이다. 또한 직업이 사라지진 않더라도 이후에 어떤 식으로 기계와 차별성을 가질 것인지 고민해 봐야 한다.

요동치는 미래

　지금까지는 판사, 검사, 변호사, 의사, 약사, 한의사 등의 전문직이 각광을 받아왔다. 해당 직업의 가장 큰 특징은 습득한 지식을 사용할 수 있는 지식노동이라는 것이다.

　내가 대학입시를 준비하던 2009년에서 2011년까지만 해도 이공계는 전문직만 가진다면 핑크빛 미래가 펼쳐질 것이며 대학 또한 스카이(서울대, 고려대, 연세대)에 진학한다면 어느 정도 보장된 미래를 생각할 수 있었다. 하지만 현재는 양상이 조금 다르다. 더 이상 안전지대는 없다. 내 주변 스카이 출신 대학생들은 졸업 후에 또 다른 시험을 준비하거나 대학원에 진학하며 스펙을 가다듬는다. 끊임없는 마라톤 속 나만의 길을 찾는 방법은 무조건 스스로 정신을 차리고 미래를 개척하는 방법뿐이다.

　논문 "Artificial intelligence-based decision-making for age-related macular degeneration"에서는 AI를 통해 황반변성을 진단한다. 황반변성의 경우 초기에 발견하여 어떻게 치료하느냐에 따라서 병의 진행양상이 달라진다. 환자 사례를 로봇 3대에 학습시킨 후 테스트를 통해 검증한다. 새로운 환자의 사례를 로봇이 진단하게 된다.

흥미롭게도 경력이 많은 전문의와 로봇의 판단이 거의 일치함을 볼 수 있다. 환자를 처음 접하는 전문의에 비해 로봇이 훨씬 정확하다. 또한 누구나 사진을 올릴 수 있는 무료 홈페이지를 통해 사례가 쌓이고 로봇은 계속해서 학습한다. 세 종류의 로봇의 판단이 다를 경우 의사가 다시 한번 확인을 하는 과정으로 진행한다. 또한 그 판단으로 인해 로봇은 더욱 더 똑똑해진다. 그렇다고 의사라는 직업이 사라지지는 않을 것이다. 다만 직업은 변화하게 될 것이다. 새로운 쓸모를 찾아야 하는 것이다.

블로그를 하면서 가장 놀랐던 것은 방구석에서 월 천만 원을 벌어가는 사람들이 꽤 많다는 사실이다. 대부분은 명문대를 나오지 않았으며 자본을 투자하지 않았다. 하지만 그들에게는 전부 그들만의 이야기와 철학이 있었다. 그리고 그 사연을 통해 자신의 스토리를 만들었다. 단지 절실했으며 실행력이 강했으며 자신의 약점을 통해 브랜딩을 성공한 경우였다.

이를테면 학창 시절 문제아였던 사람이 자기계발을 통해서 성공적인 1인 기업으로 성장한 이야기, 글쓰기를 좋아하는 사람이 알려주는 글쓰기 특강, 정부지원금 타는 법을 모르고 매년 운영하는 단체에 자비로 1000만 원씩 상금을 주다가 정부지원금을 타는 방법을 알려주는 대표님, 주식에 관심 많은 공대생이 일반인들에게 알려주는 주식 이야기 등 자신만의 색깔을 찾는 사람들이 많았다. 이 과정에서 중요한 점은 단순히 성공 그 자체가 아니고 성공이라는 미래의 명확한 비전을 통해 나아가는 그 과정을 자신의 색채로 얼마나 잘 풀어내느냐는 것이었다.

나만의 이야기는 무엇이 있을까. 일 방문자에 집착하기보다는 나만의 색을 찾고 싶었다. 어쩌면 내게 결핍된 것은 나의 이야기가 아닐까 싶었다. 이것이 바로 대한민국 대학생 중에서 차별화된 나만의 이야기를 그릴 수 있는 길이었다. 7만 약사 중 나만의 경쟁력을 확보할 수 있는 방법이었다.

약사이니까 약 이야기만 해야 한다는 것은 고정관념이었다. 약 이야기를 해도 단순히 정보나열에서 그치는 것이 아니라 나만의 시각으로 해석해야 한다. 약사에서부터 출발해서 취미나 장점을 곁들인다면 확장성이 어마어마했다. 콘텐츠를 만들기 위해서는 내가 좋아하는 것 혹은 내가 잘하는 것을 찾아야 했다. 그리고 그것에 관한 글을 꾸준히 써나가면 사람들에게 내가 어떤 관심사를 가지고 있는지 알릴 수 있다.

노 마스크 노 콜?

'코로나19 바이러스'라는 이름도 요상한 병이 창궐했다. 글을 쓰고 있는 지금도 요즘의 사태가 공상과학소설 같다고 여겨진다. 그도 그럴 것이 원래 없던 바이러스가 갑자기 생겼으니, 나와는 거리가 먼 이야기라고 생각했다.

처음엔 100명을 넘지 않았고 주변에서도 볼 수 없었다. 그러다가 갑자기 신촌에 확진자가 출몰했다. 그리고 확진자 수가 100명을 처음 넘은 날, 우리 실험실은 조기퇴근하기로 했다. 이에 따라 내가 담당하던 실습수업이 전면 비대면으로 전환됐다. 1인 랩실이라 본래 일주일에 3번은 실습수업을 진행해야 하는 나는 1번의 영상으로 실습수업을 대체할 수 있었다. 나만의 시간이 늘어난 것이다.

내게 갑자기 나만의 시간이 생긴다면 나는 무엇을 할까. 평소에 하고 싶었던 것을 해야겠다. 평상시에 글쓰기를 좋아하는 나는 늘어난 시간을 맞이해서 블로그를 키워보기로 계획했다. 위기를 기회로 바꾸라 하지 않았는가. 블로그를 시작하면서 가장 좋았던 점은 블로그를 통해 새로운 온라인상의 관계를 맺을 수 있다는 점이었다.

아는 이웃들 중에 강사 일을 하면서 여러 가지 사업도 운영하며 글도 너무 멋지게 쓰고 있는 이웃이 있다. 그분이 쓰는 글이 너무 매력적이었다. 그런데 그분의 얘기를 들어 보니, 그분은 글 쓰는 모임을 통해서 글쓰기를 배웠다는 것이 아닌가. 모임

가입비용은 당시에 30만 원이었다. 나도 한번 제대로 글을 써보고 싶어 속는 셈 치고 '꾸글(꾸준히 글 쓰는 모임)'에 가입했다.

대학원생이었던 나에겐 큰돈이었기에 돈을 내면서 결심했다. 무조건 이 돈만큼은 내가 블로그를 통해서 다시 벌어들이겠다고. 결론적으로 말하자면 글쓰기 모임을 통해서 방문자수가 급증하는 일은 없었다. 하지만 나를 찾는 글쓰기를 하면서 살아있음을 깨달았다.

요즘 브랜딩을 해야 한다고 이야기를 하면 누군가는 "저 같은 평범한 개인은 어쩌죠"라고 걱정한다. "다 같은 약사인데 제가 어떻게 차별화될 수 있을까요?"라며 자신 없는 태도를 보이는 경우도 많다. 하지만 그 누구도 평범하지 않다. 같은 이야기를 하더라도 누가 어떻게 전달하느냐에 따라 전부 각자 다르기 때문이다. 그리고 그 차별화를 줄 수 있는 핵심무기가 바로 브랜딩이다.

코로나 바이러스가 아니었다면 블로그를 키울 시간도 없었을 것이고, 그렇다면 글쓰기 모임에도 들어가지 않았을 것이다. 브랜딩을 경험해볼 일도 없었을 것이다. 코로나 바이러스가 내 일상을 흔들어놨기에 가능한 일이었다. 코로나 같은 어려운 시기에 그저 넋 놓고 있기보다는 위기 속의 장점을 파악하고 흔들리는 일상 속에서 탄탄한 나의 중심을 잡는 것이 중요하다.

불안한 약대생 후배들에게

대학원에서 시간적 여유가 생기다 보니 주변 후배들의 소식을 접할 기회가 많아졌다. 한 후배가 내게 이렇게 고민을 털어놓았다.

"약대에 진학했는데 졸업 후에 뭘 해야 할지 모르겠어요. 뻔한 길을 가고 싶지는 않은데 방법이 뭘까요? 스펙 쌓으려고 대외활동을 해봤는데도 정답을 모르겠어요." "저는 시험기간이면 우울함과 불안감이 극도로 올라와서 우울증 약을 먹고 있는데요. 시험기간마다 제 자신이 너무 작아져서 휴학을 해야 하나 고민이에요. 잠시 쉬면 좀 나을까요?" "스스로 경쟁력이 없다고 느껴져요. 대외활동이나 인턴을 좀 해봐야겠는데 어떤 걸 추천하시나요?" "주변에서 약사가 사라질 직업이라는데 이에 대해 뭐라고 반박을 해야 할까요?"

그 말을 듣고 곰곰이 생각해 봤다. 그들의 공통된 요지는 졸업 후 미래가 불안하다는 것이었다. 그래서 준비를 하고 싶은데 어떤 걸 준비해야 할지 모른다는 점이 문제였다. 모든 상황이 내가 약대생 시절에 느꼈던 불안감과 동일하지 않은가. 약대에 오기 전, 나는 성적우수 장학금을 세 차례나 받은 우등생이었다. 그러다가 갑자기 약대에 진학해 경쟁하다 보니 뒤처짐 속에서 온 패배감과 좌절감 때문에 고생하던 지난날들이 생각났다. 그들에게 따뜻한 위로를 전하고 싶었다.

일단 그들에게 건네줄 수 있는 가장 큰 조언이란, 현실에 대한 도피처로 대외활동을 해서는 취업에 전혀 도움이 되지 않는다는 점이었다.

나는 방학 때마다 대외활동을 했었고 실험실 인턴생활도 했다. 그중 기억에 가장 남는 것은 10일 동안 약국 100곳을 방문해서 제품을 설명하고 약국에 설문지를 배포하는 것이었다. 해당 활동은 여름에 진행되어야 했으나 갑자기 발병한 메르스 사태로 인해 겨울에 진행했고, 의욕적으로 활동한 나는 귀에 동창을 얻었다. 그 후 2년간 겨울에 귀의 가려움증 때문에 고생했다. 그렇게 고생해서 얻은 인증서인데 그 인증서를 활용한 적은 아직 없다.

약국 100곳을 돌며 대외활동을 하는 동안 내게 남은 것은 귀에 얻은 동창뿐이었다. 대외활동이 내게 남긴 것은 그뿐이었다. 사실은 그것이 전부여서는 안 되었다. 분명 약국에 들어가기 전 떨림, 약국에 가서 약사님을 만나기까지 내가 준비한 연습들, 내가 작성한 대본, 약국 100곳을 열흘 만에 돌기 위해 내가 짰던 계획, 지도에 표시한 팁 등을 기록해서 콘텐츠로 남겨놓지 않은 것이 문제였다.

내가 해당 활동을 경험하며 느꼈던 이야기를 공유하고 그를 통해 나만의 프로젝트를 기획했었다면 어땠을까. 최소한 내 활동을 생생하게 묘사할 수 있었을 것이며 나만의 이야기가 생겼을 것이다. 그리고 그 속에 있는 이야기를 확장시켜 나갔다면 분명 대외활동에 한 줄이 아니라 문항 하나는 빼곡히 채울 수 있었을 것이다. 추가적으로는 대외활동을 고민 중인 친구들에게 유익한 정보와 나만의 노하우를 전달할 수 있었는지도 모른다. 그 콘텐츠를 여러 방향으로 새로 해석하다 보면 또 새로운 길이 열렸을지도 모른다. 어떤 활동을 했느냐보다 중요한 것은 결국 어떤 이야기를 가지고 있느냐다.

콘텐츠란 대단할 필요가 없다. 단순히 내가 겪는 평범한 일상을 새롭게 해석하고 그 안에서 배운 것들을 기록하기만 해도 충분한 일이다. 그리고 생각해 보건대 해당 콘텐츠를 줌 강의로 열어서 조언을 줄 수도 있고, PDF전자책을 통해서 소소한 용돈벌이를 할 수도 있다. 유튜브에 올려도 된다. 무엇이 되었든 나의 콘텐츠를 풀어내는 일이 가능하다면 더 이상 불안할 필요가 없다.

콘텐츠란 축적성을 갖고 있는 매체다. 그렇기 때문에 나 자신을 설명해 줄 수 있어야 한다. 자는 동안에도, 식사를 하는 중에도 콘텐츠는 나의 개인 수행비서가 되어준다. 콘텐츠는 나를 대신해서 나에 대해 설명해 주고, 고객으로 하여금 과거의 나의 생각에 대해 궁금증을 갖게 한다.

언젠가 내가 제약회사 임원면접을 진행하며 느꼈던 나만의 감정과 그 속에서 내가 얻은 지혜를 블로그에 글로 적은 적이 있다. 그 글은 아직도 네이버에 '제약회사 임원면접' 키워드를 검색했을 때 노출된다.

나는 해당 글에 다음과 같은 말로 제안했다. 혹시 이 글을 읽는 분들 중에 면접 팁이 궁금한 분들은 댓글을 달면 답을 알려주겠다고 말이다. 그 글은 아직까지도 면접을 준비하는 사람들에게 전해지고 있다. 지금도 종종 내게 질문이 오고, 나는 그때마다 답변을 달아주곤 한다. 아직도 이렇게나 면접 팁을 궁금해하는 사람들이 많다.

나만의 콘텐츠를 재능판매 플랫폼에 올린다면 자면서 돈을 벌어다 줄 수 있다. 이후에 자기소개서를 작성할 때 해당 경험을 하면서 느꼈던 점을 서술하면 자기소개서가 훨씬 풍부해지고 증거자료 또한 제출할 수 있다. 아무리 생각해 봐도 남는 장사다.

대체될 직업, 약사

2020년 5월, 트위터 CEO는 전 직원에게 원한다면 무기한 재택근무를 해도 된다고 선언한다. 재택근무를 한다고 해도 효율이 동일하다면 일과 삶의 균형을 찾는 방향으로 바뀌어간다는 이야기다. 많은 회사들이 재택근무를 하며 몸집을 줄이고 있다.

약사가 되기 전부터 시작해서 약사가 된 이후에도 가장 듣기 싫은 말이 있다. "약사는 곧 대체될 직업이잖아?"라는 소리였다. 내가 이 직업을 갖기까지 거의 10년이 걸렸는데 소중한 나의 직업이 사라진다는 소리를 어느 누가 듣고 기뻐할까. 약국하려면 위치가 가장 중요하다는 소리도 듣기 싫었고, 약사가 도전의식이 없어 보인다는 소리도 싫었다. 처방 검토는 이제 기계가 대체하게 될 것이라는 말도 듣기 싫었다.

약사의 정의는 다음과 같다. 국민의 건강복지를 위해 일하는 약에 대한 전문가로 약의 생산, 조제, 공급, 관리를 담당한다. 의사가 환자의 증상을 진단하여 처방을 하면 약사는 병용금지, 투약금지 약물에 대한 검토를 한 뒤 처방전에 따라 의약품을 조제하고 판매한다.

대부분의 사람들이 약사라고 하면 응당 떠오르는 이미지가 있다. 하얀 가운을 입고 약을 조제하며 "하루 3번 식후 30분 복용하세요."와 같은 이미지다. 따라서 사람들은 해당 이미지의 약사를 떠올리고 약사가 이제는 대체될 직업이라고 이야기한다. 그런 이야기를 들을 때마다 반박하고 싶었다. 그래서 주변 약사들에게 대처방법을 물어봤다.

첫째, 대부분의 답변이 무시하라는 것이었다. 어차피 상대는 타인에 대한 배려가 없는 사람들이기에 상처받는 것은 소모적이라는 것. 묵묵히 할 일을 하면 된다. 둘째, 기계적 오류가 많이 난다. ATC(약국자동조제기)를 통해 조제할 때 기계적 오류로 약이 잘못 들어가는 경우 약사가 약을 검수하는 과정에서 바로잡는다. 셋째, 의사의 처방 바로잡기. 의사의 잘못된 처방을 발견할 경우 약국에서는 의사에게 전화를 해서 처방전을 바로잡는다. 넷째, 복약지도를 통한 상담. 환자의 편에서 환자의 건강에 대해 공감하며 소통할 수 있는 가장 문턱이 낮은 보건의료기관은 바로 약국이다. 총 네 가지로 나눠볼 수 있었다.

나의 경우, 첫째로는 명확한 해답을 찾고 싶었다. 둘째는 기계적 오류는 점점 더 줄어들고 오류를 바로잡는 또 다른 기계가 언젠가 등장할 것이라 생각했다. 따라서 남는 것은 셋째 혹은 넷째였다. 새내기 약사는 세 번째 방법으로 답을 찾게 된다. 유능한 약사가 되기 위해 좀 더 공부를 해야겠다고 생각하며 약학도서를 사고, 약사 스터디를 시작하여 또 다른 공부를 시작한다. 그러면서 점점 더 겸손해지고 배울 것이 많다며 스스로를 채찍질한다.

대부분의 약사 블로그 또한 약에 대한 정보를 전달하기 위해서 시작하는 경우가 많다. 하지만 이 경우에는 꼭 짚고 넘어갈 부분이 있다. 공부를 통해 전문성을 갖추게 된다고 생각한다면 끊임없이 공부만 할 뿐이다. 벼가 익을수록 고개를 숙이듯 공부를 할수록 자신감은 더욱 더 사라지게 된다. 새로운 약은 계속 출시가 되기에 공부는 끊임없이 지속해야 한다. 물론 공부는 해야겠지만 이는 결국 약사의 직능에 대한 대답은 될 수 없다.

내가 내린 결론은 공부는 계속하되 약에 대한 전문가가 약사라는 것 외에 직능보호를 위하여 인간만이 할 수 있는 부분에 집중해야 한다는 것이다.

약사라는 직업을 '약에 대한 전문가'라고 정의하는 순간 직능의 위기는 찾아온다. 정의되지 않는 약사가 되어야 한다. 초반에는 대부분의 약사 블로그가 약에 대한 정보를 바로잡기 위해 등장했다. 하지만 지금은 어떤가? 블로그를 관리하는 AI가 진화하여 부정확한 정보에 대한 자정작용이 일어나고 있다. 건강 설문을 통한 영양제 추천 서비스가 등장하고 있다. 일반인들이 약학정보원에서 약에 대한 정보를 복사해서 붙여 넣는 경우도 많다. 한 마디로 단순히 정보를 제공하는 것은 더 이상 경쟁력을 가질 수 없게 된 것이다. 이러한 세상 속에서 당신은 어떠한 답변을 내릴 것인가.

제 살 깎아먹기 방식은
더 이상 그만

사람들이 모여 있는 어느 공간, 그 공간 중앙에 다섯 개의 의자를 둔다. 의자를 중심으로 여섯 명의 사람들이 정신없이 돌기 시작한다. 그때 어디선가 갑자기 호루라기 소리가 들려오고, 그 순간 사람들은 재빨리 남은 의자에 착석하려 든다. 일사분란한 움직임이다. 의자를 차지한 사람은 다섯 명, 차지하지 못한 사람은 단 한 명이다. 자리 쟁탈전에 밀려난 한 사람이 필시 생겨나기 마련이다. 이것이 바로 '의자 뺏기 게임'이다.

학창시절에 그 게임을 할 때마다 나는 생각했다. '내가 앉으면 다른 사람이 자리를 박탈당하는 것은 아닐까, 내가 저 자리에 앉는다는 것은 이기적인 행동이 되지는 않을까.' 이런 고민을 했다. 그런 고민만 하다가 결국 제 자리 하나 차지하지 못하는 사람. 그게 바로 나였다.

지금도 누군가에게 간절한 기회가 온다면 나는 응당 양보해야 하나 하는 그런 마음이 들 때가 있다. 나는 나와 같은 사람들을 돕고 싶었다. 그들에게 나의 성장이야기를 통해 따뜻한 위로가 되고 싶었다. 승리자가 모든 것을 가져가는 세상이 아닌 모두가 평화로운 세상을 원했다.

그런 세상이 오고 있다. 남들에게 더 베푸는 사람, 도움을 주는 사람, 내가 사회에 어떤 가치를 전달할 수 있을지 고민하는 사람들이 승리하는 그런 미래가 온다. 자신의 노하우로 친구들을 돕는 사람이 승리한다. 나무 의자를 양보하는 사람에게는 황금빛 의자가 온다. 더 이상 아무도 서 있지 않아도 되는 것이다.

기존의 나만 잘 살면 된다는 사고를 버리고 내 주변 사람들의 아픔에 공감하며 해결책을 제시하고 싶었다. 다가오는 거대한 파도 속에서 부서져가는 배들을 보며 내 손길이 닿은 배만은 파도를 잘 넘기길 바랐다. 그런 마음으로 컴퓨터 앞에 앉았다. 그러자 사람들이 응답했다.

큰 파도가 오고 있음을 알리는 나는 선장이 아닌 나침반이다. 어떤 배의 선장은 이 나침반을 보고 고장이 났다며 버리라는 사람도 있을 것이다. 하지만 나침반을 보며 앞에 다가올 파도에 이리 저리 대응하며 뱃머리를 좌우로 흔들어보고 닻을 내려도 보는 그런 선장도 분명 있을 것이다. 나침반이 파도의 크기를 짐작하지 못하듯 나는 파도의 형태는 알 수 없다. 다만 지극히 개인적으로 경험한 바에 따라 당신이 불안한 이유에 대해 진단했으며 처방으로써 글쓰기, 말하기, 심리학 등을 제시한 것이다. 나의 비밀무기가 당신에게 다가올 파도에 대비할 유용한 무기가 되길 바란다.

미래는 시시각각 변하기에 나 또한 부피를 줄여야 했다. 몸집을 줄이며 다가오는 변화에 발맞추어 무채색의 나에 브랜딩이라는 색을 입혔다. 기업에 속하지 않은 채 스스로 기업이 되어서 나만의 무형의 콘텐츠를 유형화시켜 끝내 수익화와 연결시킨 경험이 있을 뿐이다.

브랜딩은 과정이라고 생각한다. 나 또한 지속적으로 성장해나가는 중이다. 내가 변화하고 앞으로 나아가기 위해 몸을 이리저리 비틀며 소리를 내지르는 이 과정이 누군가에겐 도움이 되는 이야기라 생각하여 열심히 적었다.

나는 멈추지 않을 것이다. 이 과정이 성장의 끝이 아니기에 이를 기록하고 아는 바를 열심히 전달하여 사람들을 이끌고 있다. 누구나 가슴 속에 열정이 있다고 생각한다. 그 꿈에 불을 붙여서 결국 실현으로 이끄는 것. 이것을 내 업으로 삼고 싶다. 그들을 도우며 그들이 앞으로 나아가는 모습을 보며 함께 성장하고 싶다. 성장을 함에 있어서는 이기는 사람도 없고, 지는 사람도 없다. 승리도 없고, 고배도 없다. 평행선에서 시작해 함께 달리는 두 사람이 있을 뿐이다.

전문가들로 인해 우리의 삶은 서서히 변화하고 있다. 한때 나는 나를 색으로 정의한다면 '검정'이라 말하고 싶었다. 눈에 최대한 띄지 않고 묵묵히 나의 길을 걸어가는 검정의 마음. 그것이 성공의 비결이리라 믿어 의심치 않았던 시절이 있었다. 하지만 이제는 상황이 달라졌다.

모두가 오색찬란한 빛을 나타내기 위하여 그리고 색을 가진 사람이라면 전문성을 확보하기 위해 애를 쓰고 있다. 모두가 색을 가진 상태에서 무채색을 고집한다면 위험하다는 사실을 사랑하는 약사 동료들에게 알리고 싶었다. 약사라는 전문성을 갖춘 집단에 브랜딩이라는 색을 더해 다재다능한 약사의 직능을 널리 알리고 싶었다. 약사의 개별 브랜딩을 통해 약사의 직능 확대를 노려야지만 우리 모두 살아남을 수 있다.

어떤 이는 색을 먼저 지니기도 한다. 색을 지닌 사람들은 어떻게든 전문가 타이틀을 얻기 위하여 고군분투한다. 그들은 자신의 능력을 인정받기 위하여 이리저리 뛰어다닌다. 리뷰를 쌓으며 새로운 자격증 공부도 하며 기록을 남기기 위해 필사적으로 노력한다. 이러한 노력을 곁에서 보고 있으니 '약사도 가만히 있으면 안 되겠다'는 위기의식이 찾아왔다.

　기존의 전문가들은 전문성을 갖추었다며 '나까지는 괜찮겠지'라며 눈을 가리고 안심해서는 안 된다. 전문성을 갖추느라 잠시 잊었던 나만의 색을 찾기 위해 열과 성을 다해야 한다. 가라앉기 시작한 배에 물이 차오름을 깨달았을 땐 이미 배는 가라앉아 버린 것이다. 조금만 더 힘을 내면 된다. 그리고 이 과정은 또 다른 자격증이나 면허증을 획득하는 과정이 아니다. 단순히 내가 즐기던 것을 조금 더 시각화하고 꾸준히 가공하면 된다.

　조용한 성격이라도 괜찮다. 그 성격이 갖는 특징 또한 같은 특성의 사람들에게 반짝이는 안내서가 될 수 있다. 이렇게 직업이 새로운 영역으로 확장되는 것이다. 기존의 것을 모두 버리자는 것이 아니다. 천천히 가되 앞으로 나아가자. 힘들면 그때야 멈춰도 된다. 멈춰도 사라지는 것이 아니라 그 자리에 잔류할 뿐이다. 쉬었다가 가되 꾸준히 나아가자.

　나는 '약사'라는 안전장치를 달고 지식창업이라는 새로운 분야에 뛰어들었다. 안전장치를 달고 열심히 헤엄치는 모습을 보고 어떤 이는 감탄하고 어떤 이는 '굳이 저렇게 해야 할까'라며 의아해했다. 무에서 유를 창조하는 일은 때로는 버겁고 힘들다. 하지만 꼭 해내야 하는 과제같이 느껴졌다. 약사라는 이유만으로 내 한계를 스스로 단정하지 말자. 오히려 약사이기 때문에 새로운 분야를 탐색해 볼 수도 있지 않은가. 중간에 포기하더라도 잃을 것이 없다. 도전한 경험이 남으니 안 할 이유가 전혀 없다.

　쉬지 않고 계속해서 떨어지는 물방울 하나하나가 모여 마침내 바위를 뚫듯이 이러한 약사들이 하나둘 모여서 결국 직능확대에 다다를 것이다. 동료들이여, 우리는 협력해야 한다.

추천사

한 젊은 약사가 마라톤 같은 자기 자신에 대한 도전을 한 권의 책에 녹여 냈다. 이 책은 저자 자신의 존재와 약사의 직능에 대해 끊임없이 고민하고 탐구한 노력의 흔적을 독자의 눈에서 마음으로 생생하게 전달시키고 있다.

저자는 약사 직능에 대한 새로운 탐구를 위해 "개인 브랜딩에 관한 책을 닥치는 대로 읽고 책에서 얻은 아이디어를 약국경영에 적용하니 서서히 답이 보이기 시작했다. 1인 기업, 마케팅, 세일즈, 글쓰기 등 다양한 분야를 융합하니 새로운 해결책이 보이기 시작했다. 좁은 터널 속에서 환한 빛이 저 멀리 들어오는 순간이었다"고 이야기하고 있다.

靈感을 받아 연 약국브랜딩연구소는 약사 개별 브랜딩을 통해 약사 직능을 확대하려 노력하고 있고, 이어 저자는 수많은 자료 수집과 실제 경험을 통해 '약국 브랜딩'을 한 권의 책으로 종결했다. 『한 권으로 종결하는 약국 브랜딩』이 약사들에게 신개념의 살아있는 경영 처방전이면서 약국 경영의 바이블로서, 모든 약사들이 필독하기 바란다.

— **최병철**(약학박사, 한국약학저자협회 회장)

인공지능으로 가장 대체되기 쉬운 직업 중의 하나가 약사가 되어버린 현실. 이 현실에 무너지지 않는 방법을 찾으려 심현진 작가는 노력했다. 약사는 약의 전문가여야만 한다는 고정관념을 탈피하고 성공한 1인 기업가들의 브랜딩과 마케팅 비법을 연구해 이를 약사의 직능 확대에 적용했다. 약국브랜딩연구소를 만들어 약사의 블로그 운영을 돕고, 약국 운영에서 생길 수 있는 문제해결 방안을 글에 담으며 수많은 약사가 단순히 약의 전문가가 아닌 브랜딩의 전문가까지 될 수 있도록 도운 것이다.

그의 이야기는 약사로서 자신의 존재 이유를 고민하는 당신에게, 그리고 꼭 약사가 아니더라도 어떻게 앞으로의 삶의 방향을 설정하고 나아가야 하는지를 고민하는 당신에게 많은 도움이 될 것이다. 자신이 가지고 있는 것을 나누며 진심으로 선한 영향력을 펼치려 노력했던 그의 이야기에 귀 기울여보자.

— **박찬미**(취미기적컴퍼니 하비라클 대표)

이 책을 통해 끌려다니는 삶을 살 것인가, 주체적이고 능동적으로 살 것인가에 대한 근본적인 질문을 마주하게 된다. 각자의 직업과 삶에 대해 마케팅적인 관점을 가지고 브랜딩을 할 수 있도록 도와주는 이 책은 본인이 원하는 성공을 좀 더 빨리 경험할 수 있도록 해 줄 것이다.

특히, 2030세대들이 앞으로 방향성을 잡고 내가 진정 원하는 것을 깨달을 수 있도록 멘토 역할에 충실할 것으로 기대하며 일독을 추천한다.

– 고기현(제약회사 임원, 꼬기약사 블로그 및 유튜브 채널 운영)

약국에 브랜딩을 얹었다. 이 책은 2021년 격변하는 의료계에서 필수적인 생존법을 알려준다. 변화하지 않고 무너질 것인가? 변화를 택하고 생존할 것인가? 생존을 원한다면 이 책을 추천한다.

– 정현서((주)리베션 대표이사)

누가 더 무미건조한 지식을 더 많이 암기하느냐로 성적과 성공이 결정되던 시대는 인공지능의 등장과 함께 이미 종말을 맞이하고 있다. 자기 자신을 '브랜딩'할 필요성은 비단 약사뿐 아니라 모든 전문직 직종, 나아가서 모든 개인에게 생존의 문제로 절박하게 닥쳐오고 있다.

『한 권으로 종결하는 약국 브랜딩』은 이러한 시대의 요구에 답하기 위해 한 젊은 약사가 고군분투하며 얻은 값진 현장경험을 풀어내고 있다. '사람다움'을 가지고 끊임없이 소통하고 쇄신하며 그 경험을 주변과 공유하는 것이 자신을 '브랜딩'하는 것의 시작임을 깨닫는 것만으로도 이 책을 읽을 만한 가치가 있다.

점차 '전문가'의 가치가 의문을 받는 현 시점에서 이 책은 본인만의 가치를 살펴보고 미래를 재설계하는 데 큰 도움이 될 것이다. 또한 본인만의 가치를 만들기 위해 여러 가지 꿈을 품고 있으나 실천을 주저하는 사람들에게도 이 책의 저자가 풀어내는 경험은 큰 용기가 될 수 있을 것이다.

– **김제민**(세브란스병원 피부과 임상강사)

약국 브랜딩이라는 타이틀을 가지고 있지만 이 책은 제목이 무색할 정도로 분야를 막론하고 탄탄한 브랜딩 구축에 필요한 실전 노하우들을 제공하는 지침서이다. 단순히 이론적인 브랜딩이 아닌 저자의 경험과 실사례들을 매우 구체적으로 풀어낸 실용적인 프로세스들을 담고 있어 특히나 도움이 된다.

나 자신을, 내 상품을, 내 서비스를 소비자들에게 제대로 알리고 싶은가? 그렇다면 이 책을 읽고 그대로 벤치마킹하라. 막연하게만 느껴지던 브랜딩 구축이 빠르게 현실로 다가올 것이다.

– **김민욱**(우주보스의 딱쉬운마케팅 대표)

이 책은 약국 브랜딩 전략서인 동시에 저자가 마케팅의 '샛별'이 되기까지의 과정을 담은 흥미진진한 성공스토리이다. 현재의 저자가 미래의 저자에게 그리고 같은 고민을 하는 후배들에게 전하는 꿀팁들로 가득하다. 약사가 아니더라도 전공 불문하고 도움이 될 내용들이다. 더 나은 삶을 원하는 청춘 모두에게 꼭 권하고 싶다.

– **정호철**(이화여대 약학대학 초빙교수 겸 ㈜이만젠 대표이사)

약사뿐 아니라 모든 전문직 종사자들에게도 자신 있게 추천할 수 있는 브랜딩 입문서. '진심을 담은 브랜딩'에는 정해진 직종이 없다. 자신이 쌓아온 전문성과 브랜딩이 만나는 그 순간부터 세상에 없던 새로운 길로 들어선다. 서열과 경쟁 속 사회에 지친 당신에게 이 책은 신선한 날개를 달아줄 것이다. 잠자고 있는 당신의 전문성을 빛내줄 완전 새로운 방식이 녹아 있다. '진심을 담은 브랜딩', 반드시 이 책으로 시작하라.

— **이종원**(22Hours 대표)

누구나 약국을 할 수 있다지만, 모두가 다 성공적인 약국 경영을 이루는 것은 아니다. 이 책은 브랜딩을 통한 새로운 패러다임의 약국경영 비법을 전수해 준다. 어떠한 고민으로도 단숨에 해결하기 어려운 브랜딩의 과제를 풀어내는 시작이 될 것으로 믿는다. 읽고 나면 실천을 하게 되고 누구든지 나만의 브랜드를 가진 약국으로 거듭날 수 있게 해주는 실행서여서 더욱 반갑고 감사한 마음이다.

— **이아영**(약국브랜딩연구소 부매니저)

600명 이상의 약사 회원을 단 6개월 만에 확보한 파워블로거이며 네이버카페, 인스타그램, 유튜브 등에서 약사들에게 가장 영향력 있는 활동가 중의 한 명으로 떠오른 '진심약사'는, 4차 산업 혁명시대에 AI에 지배당하지 않으려면, 약사의 직능 확대뿐 아니라 '호스트워커 약사'로 거듭나는 과정을 거치면서 '약국브랜딩'이라는 개념을 약국에 도입해야 한다고 솔루션을 제시한다.

　이는 약사직역의 새로운 지평을 여는 것으로, 경쟁이 치열한 우리 사회에서 약사가 되고 석사과정을 거치면서도 미래에 대한 불안과 고민을 경험한 저자는 많은 동시대의 약사들에게 '브랜딩'이라는 개념의 중요성을 강조하고, 어떻게 브랜딩을 만들어가는지에 대한 실제적인 방법을 진심어린 경험과 해박한 지식을 통하여 제시하고 있다. "불안하다면 잘하고 있는 것이다"라는 저자의 글은 읽으면서 '극복 가능한 시련은 진정한 축복이다'라는 말이 떠오른다.

　차별화와 경쟁력을 필요로 하는 약사들뿐만이 아니라, 브랜딩을 고민하는 많은 이들에게 꼭 필요한 책으로서 일독을 권한다.

－ **심재현**(청담마디신경외과 대표원장)

약국브랜딩연구소의 대표 심현진 약사의 저서『한 권으로 종결하는 약국 브랜딩』출간을 축하합니다. 지난 3월 중순 도서출판 행복에너지 권선복 대표의 소개로 심 약사를 만나 대화를 나누었습니다. 약국과 약사의 현실에 대한 대화를 나눴고, 마케팅을 주제로 조언을 건넨 바 있습니다.

본 저서는 경영서이자 마케팅전문서입니다. 또한 저자 개인의 삶을 이야기하기도 합니다. 현재 적지 않은 많은 약국들은 지역 골목상권의 후진성에 머물고 있으며 마케팅이라는 단어는 찾아볼 수도 없을 만큼 그 업무 또한 단순화되어 있습니다. 저자는 이러한 현실을 향해 일침을 가하고 있습니다. 또한 변화를 촉구하고 대안을 제시하고 있습니다.

본 저서는 약국·약사의 역사를 이끄는 최초의 경영지침서로 높이 평가받으리라 확신합니다. 마케팅은 고객 친화적 생존 전략이며 시장의 심판관인 고객만족의 실천을 목적으로 하고 있습니다. 변화와 고객은 유일한 생존전략입니다. 본 저서가 약국이 아닌 약국시장으로 변화를 일으키는 계기가 되길 바랍니다. 이 책이 분명 많은 약사와 약대 재학생, 수험생들에게 큰 도움이 되리라 확신합니다. 또한 약국에 방문하는 고객들의 필독서가 되기를 기대합니다. 감사합니다.

― **가갑손**(㈜메트로패밀리, 대표이사회장 법학박사)

약사가 되려는 후진들에게 용기를 심어주고 호스트워크에 대한 새로운 지평을 여는 저서이다. 꼼꼼한 기록들을 바탕으로 진정한 승자가 되기 위한 저자의 다양한 노력이 눈물겹고 한편으로는 신선하다.

현실에 불안을 느끼는 젊은 사람들이나 약국을 새로이 열려는 후진들에게 지침서가 되기를 바라는 진솔한 이야기가 냇물처럼 흘러 마음을 적신다.

세일즈나 마케팅에 대한 막연한 거부감을 가질 수 있는 사람들에게 난관을 돌파해 나아갈 수 있는 전략을 제시한다는 점에서 이 책의 가치는 높다. 이 책은 작가의 역량이 돋보이는 작품으로 감히 일독을 권한다.

– **박희준**(사단법인 출산장려협회 이사장)

의사와 약사, 한의사는 모두 사회에서 중요한 역할을 맡은 전문직으로서 전문적인 능력과 강한 자부심을 가지고 활동하고 있습니다. 하지만 극한의 경쟁 심화와 빠른 사회구조의 변화 등으로 인해 '직업적인 전문성' 하나만으로는 생존하기 어려운 환경이 되어, 많은 분들이 고민에 빠져 있기도 합니다.

　'진심약사' 심현진 약사님의 이 책 『한 권으로 종결하는 약국 브랜딩』은 자신의 직업과 업무를 새롭게 바라볼 수 있게 해 주는 '호스트워커' 개념을 통해서 경쟁자들과 차별화되는 것은 물론 더욱 나아가 고도로 발전된 AI에게도 대체되지 않는 존재로서 자신의 약국과 약사로서의 자신을 브랜딩하는 방법을 제시해 줍니다.

　600명 이상의 회원을 6개월 만에 확보한 파워블로거이자 다양한 SNS에서 여러 약사들의 브랜딩 롤모델로 활동 중인 심 약사님의 깊이 있는 경험과 고민에 기반한 약국 브랜딩 조언은 약사뿐만 아니라 전문직에 종사하는 모든 분들에게 새로운 가능성을 보여 줄 수 있을 것입니다.

　　　　　　　　　　　　　　　　　　– **최정원**(유튜브 '허준할매 건강 TV' 한의학박사)

"약국에 브랜딩이 필요할까?"

이런 물음을 던지면서 진심약사의『한 권으로 종결하는 약국 브랜딩』책을 읽기 시작했다. 저자는 원하는 대학에 들어가기 위해 삼수까지 하였으나, 새로운 길을 발견하고 과감하게 유턴하여 약사가 되었다. 대학원에 진학하여 공부하면서 젊은 나이에 '약국브랜딩연구소'를 세웠다. 이 연구소를 통해 약국에 경영의 신개념을 도입하기 위해 노력하고 있다.

또한, 저자는 4차산업혁명과 AI시대가 약국에 어떻게 영향을 주는지를 다양한 자료와 함께 실감나게 소개한다. 우리 곁에 성큼성큼 다가오는 AI시대는 약사의 미래 역시 어둡게 전망한다. 약사도 점점 AI로 대체되리라는 것이다.

저자는 약사가 할 수 있는 일을 약국에만 한정하지 않는다. 약사가 진출할 수 있는 다양한 길을 안내해 준다. 약국 이야기로 시작하였으나 저자의 메시지는 약국에만 국한되지 않고 다양한 분야에 적용할 수 있다. 마치 경영에 관한 마케팅 책을 읽는 느낌을 준다. AI에 대체되지 않기 위해서 어떻게 해야 할까. AI가 할 수 없는 일을 감당하는 것이다.

"약국에도 브랜딩이 필요하구나."

책을 덮으면서 내린 결론이다. 그리고 나는 곧바로 네이버 NAVER에 '진심약사'를 검색해 보았다. '진심약사(심현진), 1992년생, 공식홈페이지, 블로그, 인스타그램, 유튜브, 클래스톡' 등이 상세하게 소개되어 있다. 이렇게 젊은 나이에 연예인이 아닌데도 네이버 인물정보에서 만날 수 있다니. 놀라운 일이다. 브랜딩의 이미지를 굳이 말로 설명할 필요가 없지 않은가.

책이 쉽고 재미있어 술술 읽힌다. 기성의 약사들에게는 약사의 미래를 알려주고, 젊은 약사들에게는 브랜딩을 통해 AI시대에 적응할 수 있는 호스트워커로 거듭나는 길을 제시해 주며, 약사에 관심이 있는 미래의 약사들에게는 친절한 길라잡이가 되리라 믿고 추천한다.

– 양병무(행복경영연구소 대표, 전 인천재능대 교수)

브랜딩은 남과 구분되는 나만의 특징을 구현해 새로운 가치를 창조하는 일이다. 이 책에는 약사 및 약국의 방향성에 대한 고민과 답이 오롯이 담겨져 있다. 약사라는 직능과 약국을 브랜딩하는 작업이야말로 약사 자신의 가치를 극대화하는 한편 나아가 진정으로 존중받는 약사상을 구현하는 일이다. 약사들을 향한 진정성이 가득한 심현진 약사의 노력에 경의를 표한다.

– 조창연(헬스경향 편집국장)

'내가 심 약사는 조만간 큰일을 칠 줄 알았다!'

심현진 약사의 심상치 않은 행보를 보며 속으로 말했던 기억이 있습니다. 심현진 약사와의 인연은 헬스 전문지인 '헬스경향' 인턴기자 시절부터였습니다. 당시 약대를 다니면서도 '보다 다양한 경험을 하고 싶어 인턴기자에 지원했다'는 심 약사는 분명 남과 차별화된 길을 가고 있었죠.

약대를 졸업하고 약사로 사회에 진출하고 나서도 역시 심 약사는 평범한 길을 가지 않았습니다. 블로그나 유튜브를 할 때도, '브랜딩 연구소'를 만든다고 했을 때도, 전자책 출판을 한다고 했을 때도 그저 독특한 젊은 약사라고만 생각했던 것 같아요.

그런 심현진 약사가 '약국 브랜딩'에 관한 책을 썼다고 저에게 연락을 했을 때 너무 놀랐습니다. 책을 쓰는 것이 얼마나 어렵고 힘든 일인지 누구보다 잘 알기 때문이었습니다. 과연 어떤 내용일까 너무 궁금해졌습니다. 추천사를 부탁받아, 한 줄 한 줄 읽다 보니 그간 행보들이 얼마나 많은 고민 속에서 탄생한 것인지 알게 되었죠. 그 배움의 의지와 실행력, 그리고 진심을 담은 올바른 약사상에 대한 방향성 등 정말 박수가 절로 나왔습니다. 선배 약사로서 저는 어떤 삶을 살고 있을까 반성하기도 했어요.

요즘 약계는 여러 가지 이슈들로 인해 한 치 앞을 내다보기 어려운 실정에 놓여 있습니다. 병원, 약국, 회사, 공무 약사 등 진출 분야는 많다고 하지만 새롭게 약계로 진출하는 약사들 입장에서는 어느 하나 만만한 곳이 없기도 합니다. 이럴 때일수록 내실을 다져야 한다고 누구나 말하지만, 제대로 된 길을 제시해주지 못하고 있는 것도 현실입니다.

심현진 약사의 『한 권으로 종결하는 약국 브랜딩』은 약사가 약사다움을 유지하면서 어떻게 자신만의 영역을 만들어 갈 수 있는지에 대한 솔루션을 제시해 줍니다. 약사 자신의 브랜딩을 만들어가는 법, 자신의 일을 진정으로 사랑하면서 살 수 있는 호스트 워커가 되는 법까지, 좌충우돌한 자신의 경험을 바탕으로 생생하게 들려주고 있어요. 저도 한 줄 한 줄 읽어가면서 정말 많은 것을 배울 수 있었습니다.

『한 권으로 종결하는 약국 브랜딩』에는 선배, 동료 약사로서 들어 보면 너무나 도움이 될 핵심적인 내용을 듬뿍 담고 있습니다. 약사로서 사회에 나왔지만 어떻게 방향을 잡을지 고민인 약사들뿐 아니라 진로를 고민하고 있는 약대생, 약대 진학을 앞두고 있는 학생들까지 많은 사람들에게 진정 사랑받는 책이 되길 진심으로 바라봅니다.

— **배현 약사**(『몸을 위한 최선 셀프메디케이션』 저자)

인공지능 시대,
남들과 다른 나만의 길을
개척하는 도전정신이 독자 여러분의
삶에도 깃들기를 기원합니다

권선복
(도서출판 행복에너지 대표이사)

4차 혁명시대입니다. 미래에는 많은 인력이 인공지능으로 대체되어 로봇에게 자리를 내어준 사람들은 어떻게 해야 경쟁력을 가질 수 있을까요?

이 책『한 권으로 종결하는 약국 브랜딩』은 바로 이러한 고민에서 출발했습니다.

이 책을 쓴 저자는 약사입니다. 명문대에 입학했지만 안주하지 않고 또 다른 가능성을 모색해 약사의 길로 들어선, 삶을 향한 무궁한 열정을 품은 분이라고 할 수 있습니다.

약사란 약을 조제하는 사람입니다. 그것이 약사로서의 가장 기본적인 직능이지만 저자는 이러한 직능발휘에서 만족하지 않고 한걸음 더 나아가 '약국 브랜딩'이라는 새로운 활로를 모색하게 되고, '약국브랜딩연구소' '오토약국' 등의 자신만의 브랜드를 창조했습니다. 이로써 자기만의 색깔을 가진 약국으로 거듭날 수 있는 방법을 제시합니다.

인공지능이 들어서는 시대, 오늘날 여러분은 어떤 미래를 꿈꾸고 있나요?

이 기회에 지금까지 없었던 나만의 새로운 영역을 개척해보는 건 어떨까요?

그러한 개척정신과 모험정신이 삶의 원동력이 될 것입니다. 이 책을 읽는 약사 님과 약국개업을 앞둔 분들, 직업의 비전을 고민하는 약대생 분들의 마음에 희망찬 미래를 그리는 도전정신과 희망이 움트기를 기원드리며 독자들에게 진심약사 심현진 저자의 기운찬 행복에너지가 선한 영향력과 함께 긍정의 힘으로 전파되기를 기원드리며 출간을 축하 드립니다.

Dongkook 동국제약

양치 잘 하고

치과도 다니고

그리고 인사돌플러스

"좋은 습관이
건강한 잇몸을 만듭니다"

꼭꼭 씹는 행복

인사돌 플러스정
insadol plus +

Dongkook
Pharmaceutical

100정

> 기존 인사돌 성분과 염증에 좋은 생약성분을 더해 개발된 의약품입니다.
> 잇몸 건강을 위해 올바른 양치 및 치과검진과 함께 복용하시면 효과적입니다.
> 스케일링, 임플란트에 함께 복용하시면 좋습니다.

•효능•효과 : 치주치료 후 치은염, 경•중등도 치주염의 보조치료
•부작용이 있을 수 있으니 첨부된 "사용상의 주의사항"을 잘 읽고
의사•약사와 상의하십시오. [광고심의필] : 2021-1564-005000]

소비자상담실 **080·550·7575**

Korea Pharm Award
KPA
약국에서 사랑받는
GOOD BRAN
2019•2021
[잇몸질환]부문 대
인사돌플러스

사랑합니다 감사합니다.

한풍제약

은은하고 자연스러운 향
입 안에 공기를 머금은 듯 상쾌한 맛
알로알로 순수치약

생명의 소중함을 간직한 행복한 인류의 미래를 만들어 갑니다.　(주) 티앤아이
holymolyshop.co.kr　E-mail: tni750@thetni.net
T: 02-540-0676　M: 010-4895-6912

Miracle capsule
미라클 캡슐

끈질긴 생명력 미네랄 **면역식품**
건강한 사람들의 웰빙 라이프 식품

인산죽염(주)
5대 150년 한의학 명가

피부 건강에 도움
염증 개선

면역력 증진
구리 9mg

듀얼케어 기능성
간기능 개선 피로회복

아연
정상적인 면역기능에 필요
정상적인 세포분열에 필요

구리
철의 운반과 이용에 필요
유해산소로부터 세포 보호

인산 김일훈 선생
죽염 발명가, 한방암의학 창시자

케어링에서 가족요양을 시작하세요

케어링에서 가족요양 보호사님이
받으실 수 있는 급여는

90분 기준
연 1,056 만원

✓ 가족요양 (90분)
28,400원

✓ 가족요양 (60분)
21,200원

✓ 일반요양 (시급)
11,400원

케어링은 정부가 정한 인건비 비율보다
높은 기준으로 급여를 제공합니다.

이미 전국1,100명이 넘는 요양보호사님들이
높은 급여를 받고 계십니다. 지금 바로 전화주세요.

 케어링 방문요양

www.caring.co.kr   1522-6585 ☎

약국

건강 상담서

성명	날짜

· 그냥 지나친 사소함, 불편함을 어떻게 해결하느냐에 따라서 당신의 건강이 결정됩니다.
  가장 가까운 곳에서 당신의 불편함을 해소해드리겠습니다.
· 맞춤형 약료서비스를 제공해드리겠습니다.
· 가장 가까운 곳에서 당신의 건강을 지켜드립니다.

* 상담을 통해 이루고 싶은 목표

* 하나뿐인 당신에게

_____ 약사 드림

약국
건강 상담서

성명	날짜

· 그냥 지나친 사소함, 불편함을 어떻게 해결하느냐에 따라서 당신의 건강이 결정됩니다.
  가장 가까운 곳에서 당신의 불편함을 해소해드리겠습니다.
· 맞춤형 약료서비스를 제공해드리겠습니다.
· 가장 가까운 곳에서 당신의 건강을 지켜드립니다.

* 상담을 통해 이루고 싶은 목표

* 하나뿐인 당신에게

_____ 약사 드림

약국
건강 상담서

성명	날짜

· 그냥 지나친 사소함, 불편함을 어떻게 해결하느냐에 따라서 당신의 건강이 결정됩니다.
  가장 가까운 곳에서 당신의 불편함을 해소해드리겠습니다.
· 맞춤형 약료서비스를 제공해드리겠습니다.
· 가장 가까운 곳에서 당신의 건강을 지켜드립니다.

* 상담을 통해 이루고 싶은 목표

* 하나뿐인 당신에게

_____ 약사 드림

약국

건강 상담서

성명	날짜

· 그냥 지나친 사소함, 불편함을 어떻게 해결하느냐에 따라서 당신의 건강이 결정됩니다.
 가장 가까운 곳에서 당신의 불편함을 해소해드리겠습니다.
· 맞춤형 약료서비스를 제공해드리겠습니다.
· 가장 가까운 곳에서 당신의 건강을 지켜드립니다.

* 상담을 통해 이루고 싶은 목표

* 하나뿐인 당신에게

_____ 약사 드림

약국

건강 상담서

성명	날짜

· 그냥 지나친 사소함, 불편함을 어떻게 해결하느냐에 따라서 당신의 건강이 결정됩니다.
  가장 가까운 곳에서 당신의 불편함을 해소해드리겠습니다.
· 맞춤형 약료서비스를 제공해드리겠습니다.
· 가장 가까운 곳에서 당신의 건강을 지켜드립니다.

＊ 상담을 통해 이루고 싶은 목표

＊ 하나뿐인 당신에게

_____ 약사 드림

약국
건강 상담서

성명	날짜

· 그냥 지나친 사소함, 불편함을 어떻게 해결하느냐에 따라서 당신의 건강이 결정됩니다.
  가장 가까운 곳에서 당신의 불편함을 해소해드리겠습니다.
· 맞춤형 약료서비스를 제공해드리겠습니다.
· 가장 가까운 곳에서 당신의 건강을 지켜드립니다.

* 상담을 통해 이루고 싶은 목표

* 하나뿐인 당신에게

_____ 약사 드림

약국
건강 상담서

성명	날짜

· 그냥 지나친 사소함, 불편함을 어떻게 해결하느냐에 따라서 당신의 건강이 결정됩니다.
  가장 가까운 곳에서 당신의 불편함을 해소해드리겠습니다.
· 맞춤형 약료서비스를 제공해드리겠습니다.
· 가장 가까운 곳에서 당신의 건강을 지켜드립니다.

* 상담을 통해 이루고 싶은 목표

* 하나뿐인 당신에게

_____ 약사 드림

약국

건강 상담서

성명	날짜

· 그냥 지나친 사소함, 불편함을 어떻게 해결하느냐에 따라서 당신의 건강이 결정됩니다.
  가장 가까운 곳에서 당신의 불편함을 해소해드리겠습니다.
· 맞춤형 약료서비스를 제공해드리겠습니다.
· 가장 가까운 곳에서 당신의 건강을 지켜드립니다.

* 상담을 통해 이루고 싶은 목표

* 하나뿐인 당신에게

_____ 약사 드림

약국
건강 상담서

성명	날짜

· 그냥 지나친 사소함, 불편함을 어떻게 해결하느냐에 따라서 당신의 건강이 결정됩니다.
  가장 가까운 곳에서 당신의 불편함을 해소해드리겠습니다.
· 맞춤형 약료서비스를 제공해드리겠습니다.
· 가장 가까운 곳에서 당신의 건강을 지켜드립니다.

* 상담을 통해 이루고 싶은 목표

* 하나뿐인 당신에게

_____ 약사 드림

약국
건강 상담서

성명	날짜

· 그냥 지나친 사소함, 불편함을 어떻게 해결하느냐에 따라서 당신의 건강이 결정됩니다.
  가장 가까운 곳에서 당신의 불편함을 해소해드리겠습니다.
· 맞춤형 약료서비스를 제공해드리겠습니다.
· 가장 가까운 곳에서 당신의 건강을 지켜드립니다.

* 상담을 통해 이루고 싶은 목표

* 하나뿐인 당신에게

_____ 약사 드림

약국
건강 상담서

성명	날짜

· 그냥 지나친 사소함, 불편함을 어떻게 해결하느냐에 따라서 당신의 건강이 결정됩니다.
  가장 가까운 곳에서 당신의 불편함을 해소해드리겠습니다.
· 맞춤형 약료서비스를 제공해드리겠습니다.
· 가장 가까운 곳에서 당신의 건강을 지켜드립니다.

* 상담을 통해 이루고 싶은 목표

* 하나뿐인 당신에게

_____ 약사 드림

약국
건강 상담서

성명	날짜

· 그냥 지나친 사소함, 불편함을 어떻게 해결하느냐에 따라서 당신의 건강이 결정됩니다.
 가장 가까운 곳에서 당신의 불편함을 해소해드리겠습니다.
· 맞춤형 약료서비스를 제공해드리겠습니다.
· 가장 가까운 곳에서 당신의 건강을 지켜드립니다.

* 상담을 통해 이루고 싶은 목표

* 하나뿐인 당신에게

_____ 약사 드림

CUT

약국
건강 상담서

성명	날짜

· 그냥 지나친 사소함, 불편함을 어떻게 해결하느냐에 따라서 당신의 건강이 결정됩니다.
  가장 가까운 곳에서 당신의 불편함을 해소해드리겠습니다.
· 맞춤형 약료서비스를 제공해드리겠습니다.
· 가장 가까운 곳에서 당신의 건강을 지켜드립니다.

* 상담을 통해 이루고 싶은 목표

* 하나뿐인 당신에게

_____ 약사 드림

약국
건강 상담서

성명	날짜

· 그냥 지나친 사소함, 불편함을 어떻게 해결하느냐에 따라서 당신의 건강이 결정됩니다.
  가장 가까운 곳에서 당신의 불편함을 해소해드리겠습니다.
· 맞춤형 약료서비스를 제공해드리겠습니다.
· 가장 가까운 곳에서 당신의 건강을 지켜드립니다.

* 상담을 통해 이루고 싶은 목표

* 하나뿐인 당신에게

_____ 약사 드림

약국
건강 상담서

성명	날짜

· 그냥 지나친 사소함, 불편함을 어떻게 해결하느냐에 따라서 당신의 건강이 결정됩니다.
  가장 가까운 곳에서 당신의 불편함을 해소해드리겠습니다.
· 맞춤형 약료서비스를 제공해드리겠습니다.
· 가장 가까운 곳에서 당신의 건강을 지켜드립니다.

* 상담을 통해 이루고 싶은 목표

* 하나뿐인 당신에게

_____ 약사 드림

약국
건강 상담서

성명	날짜

· 그냥 지나친 사소함, 불편함을 어떻게 해결하느냐에 따라서 당신의 건강이 결정됩니다.
  가장 가까운 곳에서 당신의 불편함을 해소해드리겠습니다.
· 맞춤형 약료서비스를 제공해드리겠습니다.
· 가장 가까운 곳에서 당신의 건강을 지켜드립니다.

* 상담을 통해 이루고 싶은 목표

* 하나뿐인 당신에게

_____ 약사 드림

약국

건강 상담서

성명	날짜

· 그냥 지나친 사소함, 불편함을 어떻게 해결하느냐에 따라서 당신의 건강이 결정됩니다.
  가장 가까운 곳에서 당신의 불편함을 해소해드리겠습니다.
· 맞춤형 약료서비스를 제공해드리겠습니다.
· 가장 가까운 곳에서 당신의 건강을 지켜드립니다.

* 상담을 통해 이루고 싶은 목표

* 하나뿐인 당신에게

_____ 약사 드림

약국
건강 상담서

성명	날짜

· 그냥 지나친 사소함, 불편함을 어떻게 해결하느냐에 따라서 당신의 건강이 결정됩니다.
  가장 가까운 곳에서 당신의 불편함을 해소해드리겠습니다.
· 맞춤형 약료서비스를 제공해드리겠습니다.
· 가장 가까운 곳에서 당신의 건강을 지켜드립니다.

* 상담을 통해 이루고 싶은 목표

* 하나뿐인 당신에게

_____ 약사 드림

약국
건강 상담서

성명	날짜

· 그냥 지나친 사소함, 불편함을 어떻게 해결하느냐에 따라서 당신의 건강이 결정됩니다.
  가장 가까운 곳에서 당신의 불편함을 해소해드리겠습니다.
· 맞춤형 약료서비스를 제공해드리겠습니다.
· 가장 가까운 곳에서 당신의 건강을 지켜드립니다.

* 상담을 통해 이루고 싶은 목표

* 하나뿐인 당신에게

_____ 약사 드림

약국
건강 상담서

성명	날짜

· 그냥 지나친 사소함, 불편함을 어떻게 해결하느냐에 따라서 당신의 건강이 결정됩니다.
  가장 가까운 곳에서 당신의 불편함을 해소해드리겠습니다.
· 맞춤형 약료서비스를 제공해드리겠습니다.
· 가장 가까운 곳에서 당신의 건강을 지켜드립니다.

* 상담을 통해 이루고 싶은 목표

* 하나뿐인 당신에게

_____ 약사 드림

약국

건강 상담서

성명	날짜

· 그냥 지나친 사소함, 불편함을 어떻게 해결하느냐에 따라서 당신의 건강이 결정됩니다.
  가장 가까운 곳에서 당신의 불편함을 해소해드리겠습니다.
· 맞춤형 약료서비스를 제공해드리겠습니다.
· 가장 가까운 곳에서 당신의 건강을 지켜드립니다.

* 상담을 통해 이루고 싶은 목표

* 하나뿐인 당신에게

_____ 약사 드림

약국
건강 상담서

성명	날짜

· 그냥 지나친 사소함, 불편함을 어떻게 해결하느냐에 따라서 당신의 건강이 결정됩니다.
  가장 가까운 곳에서 당신의 불편함을 해소해드리겠습니다.
· 맞춤형 약료서비스를 제공해드리겠습니다.
· 가장 가까운 곳에서 당신의 건강을 지켜드립니다.

* 상담을 통해 이루고 싶은 목표

* 하나뿐인 당신에게

_____ 약사 드림